勿使前辈之遗珍失于我手

勿使国术之精神止于我身

犹忆武林人未远

民国武林忆旧及安慰武学遗录

◉安慰——著
◉阎子龙 田永涛——整理

北京科学技术出版社

图书在版编目（CIP）数据

犹忆武林人未远：民国武林忆旧及安慰武学遗录 / 安慰著；阎子龙，田永涛整理．— 北京：北京科学技术出版社，2021.1（2024.1 重印）

ISBN 978-7-5714-1157-2

Ⅰ．①犹… Ⅱ．①安… ②阎… ③田… Ⅲ．①武术—研究—中国 Ⅳ．①G852

中国版本图书馆 CIP 数据核字（2020）第 197230 号

策划编辑： 王跃平
责任编辑： 苑博洋
责任校对： 贾　荣
封面设计： 何　瑛
责任印制： 张　良
出 版 人： 曾庆宇
出版发行： 北京科学技术出版社
社　　址： 北京西直门南大街 16 号
邮政编码： 100035
电　　话： 0086-10-66135495（总编室）　0086-10-66113227（发行部）
网　　址： www.bkydw.cn
印　　刷： 保定市中画美凯印刷有限公司
开　　本： 710mm × 1000mm　1/16
字　　数： 208 千字
印　　张： 15
插　　页： 4
版　　次： 2021 年 1 月第 1 版
印　　次： 2024 年 1 月第 3 次印刷
ISBN 978-7-5714-1157-2

定　　价： 68.00 元

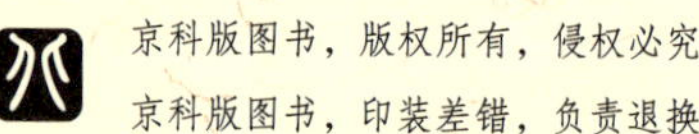

序一

年初，子龙先生等整理的《犹忆武林人未远——民国武林忆旧及安慰武学遗录》一书脱稿，我应邀为之作序，细读书稿，深感子龙先生为中华传统武术的传承与保护做了一件很有贡献的大实事。

我和安慰先生在20世纪70年代初相遇相知，朝夕相处卅余年，深感先生对武术文化的研究，每一步都是踏踏实实的，令人信服。传统武术是我们老祖宗的智慧结晶，记得多年前安慰先生曾跟我谈到，传统武术文化的研究不能离开传承，还需要有辩证的态度，这样才能避免浮躁，心平气和地去做事。要用学术的标准去做研究，去粗取精、去伪存真、由表及里地研究。如果人云亦云、随波逐流，势必做不好研究。

对于本书的出版，我甚感欣慰，本书有传承、有实证、有学理，亦有详细的练功指导，是一本高质量的武术图书典范。

我郑重向大家推荐《犹忆武林人未远——民国武林忆旧及安慰武学遗录》一书，希望广大读者能从中受益。

苗树林

2018 年初夏

序二

民族文化底蕴是修习传统武术的基础，道德修养的深浅决定传统武术修为的高低，博学善学、勤学苦练、潜心深悟、持之以恒是通向武学巅峰的阶梯。在本书即将付梓之际，子龙先生嘱余为序，余诚感抬爱，自知“文不精、武不通，无名无望一白丁”，何以堪此大任？然而为答谢子龙先生知遇之情，于是余信口开河，胡乱涂鸦，寥书数语忝为序，凡不周之言、妄语之处，诚请读者海涵。

阎子龙先生琴棋书画无有不通，文武之道无有不晓，深谙儒释道之精要，广博诸子百家之经典。其自幼酷爱国学文化，谦逊好学，志向高远，深得诸多明师名家垂爱。尤为幸运的是，在修习传统武术一途中，阎子龙先生得拜安慰先生门下。安慰先生出身于书香门第，家境富庶，自幼聪颖好学，悟性灵智奇高。自总角之时始，安慰先生广交大贤、高僧、武术明家，游学于大江南北，遍习中华传统武术，无不深窥其中堂奥。安慰先生淡泊名利，择徒严苛，一生虽无著作、文章刊行于世，但保存了大量与传统武术明家的往来书信及其手稿、笔记、札记、拳谱等文献资料，这些资料记录了许多历史人物和历史事件的经过。例如董秀升、王新午、辛元、刘殿琛、孙禄堂等民国时期著名武术大师的各类信息，山西国术促进会的活动情况，以及安慰先生自己的拜师经过、习拳经历、与全国各地武术名家的交往过程等文字记述。这些资料绝大部分由其亲传弟子阎子龙先生收集珍藏，这也为阎子龙先生整理这部具有浓郁史实性质的著作奠定了坚实的基础。

安慰先生的国学文化底蕴十分丰厚，深悉《易经》《道德经》《黄帝内经》等诸多经典，在其文稿、笔记、札记中均映射出其渊博的传统文化修养。安慰先生对传统武术的修习和涉猎十分广博，遍习形意拳、太极拳、八卦掌、少林拳、八翻手、三皇炮捶和枪、棍、剑、鞭，以及佛道两家的内功等，一法精百法通，终达大乘之境。

阎子龙先生深得其师真传，在经年累月的学习过程中深受熏陶。他整理的此书填补了许多武术明家在民国时期活动轨迹的盲点、断点，还原了当时武林事件的原貌，澄清了许多无端的推测、臆想；在拳术拳法方面，对许多拳势、拳法和桩功的误传进行了校正；在功法修炼方面，对一些重点、要点、难点和瓶颈进行了开释和纠偏。同时，这部著作中展示的图片、信函等资料亦弥足珍贵，具有十分宝贵的史料价值和收藏价值。

传统武术的传承历来多是口口相授，致使许多宝贵资料湮没在历史的长河中。在此，感谢阎子龙先生的无私奉献，将其师安慰先生的武术精髓和资料公之于世，为传统武术文化的发展和弘扬做出贡献。

拙文涩语，忝为序。

王占伟

2020年初春

安慰先生小传

安慰先生

公姓安氏，讳慰，常悟其号也。祖居太原，世代为宦，诗礼传家，于桥头街有祖宅一座，门面若干。其父明德公，乃前清举人，民国以降入国民党，曾任太原校尉营小学校长，得子二人，长子早夭，公即为独子。公性恬淡寡言，幼而颖悟，泛览群籍，能通其意；习书绘画，冶性陶情。先后师从王新午高足霍宝珊、刘殿琛高足辛元、何月波弟子路开源、孙禄堂之女孙剑云诸先生习武学技。于理能探幽发微，于术精益求精，将易、医之原理，释、道之体性，与拳术融会贯通。师承皆名家巨手，习艺技精功深，内功深厚，身法出众，劲力精巧，精形意、八卦而尤擅剑术。其演龙形剑，身如游龙飞凤，步似风退鹅毛，因不轻炫于广众，故能知其深者绝少。

公青年时，正值国内战乱，感神州陆沉，环海横流，志不能展。后投考华北大学戏剧科，师曹禺、欧阳予倩诸先生学习戏剧文学，毕业后任职于山西艺术学院。“文革”时期，公备受冲击，下放至夏县八载，后调回太原五中任教，直至离休。

公一生时运不济而命途多舛，徒有宗悫之志，难免季子之穷。奔波半生，一长莫展，遂灰心功名，本其幼之所习以自娱，怀道心而遁世。20世纪八九十年代，虽曾参与武术活动，而不欲徒以技显、与人争名，故日与相接者无公卿名士，借以遣情者有拳剑经书。

呜呼！公虽未于世立功显名，独善其身而终老，然珠璧沦于草莽，亦可哀矣。

晋阳故地，每多异人，公之绝艺，超群绝伦。学文习武，抱朴守真，赋性恬淡，市隐沉沦，既慷慨而叹息，感人心之不振，乃旁参夫二氏，遂精义而入神，慕山林之野趣，侠隐出乎风尘，哀珠璧沦于草莽，欣遗芳泽于后人。

代前言　掩卷思人使人悲

——怀念先师安夫子

将先师安慰夫子的口述与武学文献整理完的此刻，我正在德国，下午四点多，坐在开往海德堡的火车上。车外是四月的天，带着冷冷的春雨。沿途闪现的木屋前，零星地开着几树白色的花，不知道那是不是苹果花。微信上，师兄弟刚同我沟通完出版社的修改建议，又命我写一点对先师的追念。对着车窗外的异国山河，念及先师，我是惭愧的。孔子作《春秋》“笔则笔，削则削”“子夏之徒不能赞一辞”。对于先师之德、之行、之学，我也不能赞一辞。我只能说一些多余的话，就像弥漫在窗外的不合时宜的雨。

幼年时我体质不太好，体弱而善病，不能像小伙伴们那样肆意地顶着风雨四处玩耍，更多的时候是坐在家里阅读自娱。在这种安静的阅读中，我逐渐对史书中孔武有力、驰骋边关的统帅，对武侠小说中寄踪天涯、行侠仗义的剑客，产生了无尽的想象和向往。村中年龄极长的老人们常在闲暇之余聚在一起谈古或者回忆，他们中许多都是经历过晚清民国那个乱世的，有老红军，有曾经的国民党士兵，年纪小一点的有参加过抗美援朝的，也有做过响马而羞于承认的。甚至，有长辈还称自己参加过义和团，一口大铁刀舞开来，脚下能蹚出八阵图的痕迹，斩杀过不少洋人。他们一起谈天的时候，有时争论得不可开交、面红耳赤。因为年龄大，牙齿都不全了，言语激烈的时候，吐字不清，只觉得他们嘴巴上的皱纹更深了，下巴上的胡子一撅一撅地表达着激动的情绪。如果没有人圆场，不欢而散是常有的事情。但下次又会主动凑在一起闲聊，开始新一轮的辩论。在这种反反复复、零零碎碎的讲述中，我拼凑出了从晚清到新中国成立后的许多历史片段，还有民间口头传颂的英雄故事，比书中读到的更鲜活。渐渐地，我在脑海中建构了一个属于那个村庄、属于我的传奇。同时在这个过程中，我树立了对武术的最初认知和兴趣。

后来家人请一位会武术的体育老师教我健身方法，我学了几次后，发现他那笨拙的蹦跳、可笑的跟头与我想象中"玄妙"的"武学"一点儿也不吻合，完全不能引起我的兴趣。后来一位民国就出家，在外省修行的道长归乡访亲，家里长辈请他指点我读道家的经典，他顺便也教了我一些道家吐纳的功法。这些道理与修养的功法、道家的玄言引起了我莫大的兴趣。再后来我学习了太极拳、武当剑，因为更多的精力用在学校的学业与功课上，所以对于武术总是浅浅涉及，只作为健身之用。虽然没有更深入、更专业地钻研，但我对武术的终极境界和奥妙总怀着无尽的期待。在学校里，夜深人静的时候，我也会在操场上或花园的角落里悄悄站站桩、练趟拳，带着稚嫩又热烈的执拗寻找着武学的路径。套路、动作学了很多，但越学越觉得困惑，甚至产生了厌倦排斥的情绪，总觉得所学的那些东西该有一个统摄、一个根本，没有这个，便觉得空空荡荡，没有主宰。

后来机缘巧合，经几位武林前辈、先进引介，我拜入安慰夫子门下，成为他老人家的入室弟子。自此，我的内心有了根，对武学的体认也有了向导与主宰。先师安夫子是晚清书香旧族出身，又是民国新派的大学生，足迹遍及京、津、晋、冀、豫。他既有旧学根底，又深于新学，既有父祖庭训，又蒙师友切磨。文能追摹庄周，武颇探源武穆，蔚然蔼然，文质彬彬，使我“一遇倾心”。我以前在武术技击方面没有用功，徒然学了一些套路，不敢言武。但是少小受学读经，后来读大学，直到博士毕业，学的都是古典文学相关专业，故与先师非常相契。师兄弟及先师的故知说我行事谈吐的气质与先师很像，然先师文貌武质，内外俱仁，我则文而弱，武而柔，不曾仿佛先师之万一。

先师平生际遇与神采已经尽载于前，愿考文之君子展玩，以为博览之助；先师一生心力之所注、武学之精粹并附于后，亦祈武林同道不厌细读，可作他山之攻。至于先师一生学行德养，不肖未能精研，而幸有同门师兄弟传其武学精要、承其道德文章，使先师威灵不坠于地。先师去世，使我们师兄弟过早地失去了教导与指引，是我们的大不幸，但我们同心同德地进德修业，努力为先师遗教尽一点微薄的力量，愿意为中华武术兴旺做一些力所能及的事情。

遗憾的是，在整理先师音像资料与笔记、著述的时候，我们没有找到先师的子女，有些人和事都没有更进一步核实，只好割爱，留稿不发，希望将来有机会再做补充增订。

车窗外的雨还在下，雨点密集而清冷，看样子到海德堡的时候也停不下来。内卡河上湿漉漉的桥、峭壁上幽寂的哲学家小径、王座山上残破的古堡已经隐在黄昏中了，恰如我此刻的心境，早已失落在忧伤与思念之中。这种因先师而生的思念和情绪，将永远伴随着我，无论我在哪里。

突然想起去年初春时节，某日午后静坐，先师安夫子恍然在侧，拍拍我的胳膊对我说：“你坐姿不对！气息不对！看我坐。”我不知道是不是静坐的时候睡着了，不知道是不是梦里重温了先师生前的场景，还是先师惠然来入我的梦境。因这情真，所以我情愿这境也真。一觉而醒，只有我茕茕枯坐，忍不住失声痛哭。尽管先师已经离开了，但还挂念着我这个无用之人。当天下午，在整理先师的武学材料及传记时，对着窗前盛开的丁香花，回味着这个梦境，他老人家的音容历历在前，他老人家的指导和训示声声在耳，甚至我的手臂上还留着他触碰的气息，不禁嗒焉自丧。推开电脑，颓然而起，徘徊满室。摘下挂在墙上的古琴，凭着郁结的情绪作了一首歌，拟名《东风吹》。现将这首歌抄在这里，作为我对先师的纪念，也作为我语无伦次的行文的收尾。

春睡起，东风吹，
空室徘徊动罗帏，
不知不识我是谁，
唯见窗前丁香摇空枝。
隔帘兰花影未动，案上蒲草发华滋。
恍然觉来梦未尽，独坐琴前意更痴。
似有闲愁困双眉，拔剑击柱也无诗。
料得水前野草离离顾玉影，
谷中山花漫漫绕春池。
本当放任白鹿游青崖，
渴饮德泉咀灵芝，
竟然睡后惹春愁，
掩卷丧我不自知。
东风吹，初春时，
愈思古人思愈悲。
朗然白日悬高楼，
悄纵清啸声迟迟。
东风吹，欲何为？

弟子田永涛谨叙于德国乡间道上
方其时也，零雨其濛
2019年4月5日

目录

上编　武林行迹与忆旧

下编　安慰先生武学遗录

上编

武林行迹与忆旧

白头何所寄，犹作少年吟

——我的少年时代

桥头街的繁华

我叫安慰，祖籍太原，算是世代书香人家。先祖父是前清的举人，似未出仕，在家侍亲教子，以诗书自隐，颇有朋友交际，多清雅之士。先父讳明德，自小受的是旧学教育，饱读诗书，也兼学武艺，师从形意拳名家王福元先生。先父青年时正处在清、民交替之际，为时代所熏染，接受了不少西式的思想和知识，与当时的贤哲一样，以强国御侮、立志自新为怀，最早加入了同盟会，民国十三年（1924 年），在我三岁的时候，他又加入了国民党。

我父亲兄弟四人，二叔父英年早逝，我记忆里没有和他见过面。父亲是长兄，开始的时候在小学谋职，是普通的教员。因学行优秀，能力突出，为同事敬重，先后任校尉营小学和桥头街小学校长。我四叔父（讳祖德）也是教师，自民国至新中国成立后一直任教职。三叔父（讳树德）一开始没有参加工作，在家打理家务，后来去了银行工作。

当时我家住在太原桥头街，那是一条东西向的短街，没多长，也不是很宽，但却是老太原城士绅名流向往之地。街北面就是南肖墙，紧邻明晋王府南华门，明清显宦的府宅大多在此或者在附近的街区。仅我家所在的这段街上，便有宁化府、大濮府、小濮府、临泉府等府邸。清末以后，尤其是民国后，皇权消失，旧贵族地位丧失，这里逐渐成为太原城最繁华的商业街区之一。

桥头街向东与上马街连接，直到尽头的东泰山庙。出家门往东走的话，路北有西夹巷、东夹巷、双龙巷、南巷子四个巷口，无不人烟辐辏，店铺林立。东夹巷和双龙巷之间还有前清的钱局，当时或已改作他用了，没有特别留意。街南侧有万寿宫、崇善寺、文庙，加上附近街区大大小小的寺庙几十处，无不是三教九流、龙蛇混杂之处。再往东就是现在的五一路，以前不叫五一路，叫红四街。之所以叫红四街，老辈有两种说法。一说原来明代晋王府，出了南华门往皇庙的途中有四个十字路口，分别建了四个朱漆牌楼，桥头街东头这个路口是第四个牌楼所在地，就叫红四牌楼，这条街也就叫红四街。另一种说法是这不叫红四街，应该叫红市街。据说明末农民起义军领袖李自成攻破太原城后，就把晋王府的老老少少和守城不降的大小官员全部拉到这里杀了，当时青石板的街面上血流成河，后来人们就把这条街叫红市街。1937 年，日寇占领太原后，就在红四街上修了一条砂石路，叫新开街。20 世纪 50 年代城市改造的时候，将新开街铺上了厚厚的柏油，并取消其称谓，建成了现在的五一路。虽说这是一条不起眼的路，但翻开地上的砂石瓦砾，下面有历史。

向西到钟楼前，与至今仍是商业中心的柳巷相连。过了钟楼再向西便是钟楼街，连着靴巷、袜子巷、帽儿巷、柴市巷、活牛市、南市、开化市等，全是老太原商业和手工业汇聚的地方，寸土寸金，繁华无比，有着当时北方甚至整个中国少有的繁荣气象。战国时期晏子描述齐国临淄城的繁荣时说："齐之临淄三百闾，张袂成阴，挥汗成雨，比肩继踵而在，何为无人？"少年时瘦弱的我手持书卷匆匆走在桥头街上，在熙攘喧闹的人流中趺趺撞撞地前行时，常常暗嘲晏子："晏子的临淄，何如我的'临淄'？"

少年安慰

钟楼街这个方向有几处戏园子，总有京剧演出，当时还叫平剧，我特别喜欢，所以也常去。当时太原城里名角儿很多，唱晋剧的名家里，我印象最深的是一个唱黑头的，号"狮子黑"，开口吐气真如狮子吼，气势迫人，而行腔咬字又精细无比，像狮子搏兔，丝毫不觉用力。外地的名角儿也常来太原演出，比如梅兰芳、尚小云这些角儿都来过，但凡这种场，我一定会去听。这些熏染对我的影响不可估量，后来读大学的时候选择了戏剧科，或许种子早在这个时候就种下了。

就是这短短几百米的街上，集中了几乎所有老太原的名字号：宁化府、清和元、大宁堂、认一力、老乡村、一间楼、六味斋、双合成，等等。其中宁化府是明代宁化王府留下来的酿醋作坊，原址原工艺，绵延数百年不失其醇，天下少有。清和元和大宁堂皆是明遗民傅青主先生开创，清和元以清真菜和药膳头脑最为出名，大宁堂是济世救人的药店。当时不论穷富贵贱、男女老幼，无不喜欢吃头脑，一碗难求，加上出售的时间一般在冬天的黎明前，于是形成了顾客在清和元门口提着灯笼排队吃头脑的壮观景象。天还不亮，清冷的风像水一样流过，有时候月亮还没下去，星斗满天，老老少少提着灯笼排队，像一条火龙一样，甚至身子弱的或者老年人还随身带一个小板凳。下雪天人稍微少一些，但也少不了多少。其他如认一力的饺子、老乡村与双合成的点心、一间楼的烟酒、六味斋的卤肉，无不是人间胜味。

当时经济条件好、有能力的人会时常去这些大馆子，不想亲自去馆子的人或者家里不方便出门的女眷，就会派人点上菜，或者写好菜单，让饭店做好了派伙计送到家里。比如当时的桃源村饭店、清和元、认一力都有这样的业务，类似于现在的外卖。对了，还送消夜。经济不好的人，或者卖苦力的人最爱“杂澄”。所谓“杂澄”，就是将大饭店客人们吃剩下的饭菜收集起来后，烩在一起回回锅，价格也不贵，穷人们爱吃这个。

当时老太原人的生活习惯和现在不一样，比如饮食，每天两顿饭。第一顿饭在上午十点来钟，第二顿饭在下午五点来钟。与古人说的朝食、哺食时辰相合，可见是很古老的饮食传统。平常的人这样就足够了，对于下力气的人和一整天泡在新式学堂的学生来说，还需加顿早饭和消夜。晚上，在街头巷尾都会有消夜的摊点，我最怀念的是熏肉夹饼。上等的精肉熏烤过之后，切成片或者块，夹在新烤出的白面饼里，酥软鲜香，老太原人把这种夹肉饼称作“蛤蟆含蛋”，也算是曲尽形容之妙了。

海子边的江湖

从桥头街的巷口往南拐，就到了海子边，旁边有纯阳宫、新南门街的书院、山西大学。海子边是以前的叫法，即现在城市地图上标识的文瀛湖。以前北方人多把湖称作海，比如北京有中南海、北海、后海等，其实就是湖。太原的这个海子，据老辈人说是相当了得的。它虽然在城内，但是每到夏天汛期都会涨大水，常常把周围的住户淹了，老太原人称作“泛海子”。百姓们说这个海子通着汾河，甚至传说里面还住着一个能够呼风唤雨、兴风作浪的王八精。唐代的时候，狄仁杰路过海子边，王八精化作一个老人，告诉他一定能考中状元。后来狄仁杰高中，返乡后在海子上修了一座桥，俗称状元桥。现在世代更替，桥早就重建翻修过了，人们还叫它状元桥。

海子边汇集了很多杂耍艺人，有变戏法儿的、耍猴的、算命看相的、唱小戏的、弹三弦的、口吐宝剑的、吞铁球的，简直行行俱全。我小时候身子弱，最喜欢看练硬功打把式的，这些人身板结实，功夫漂亮，他们还有很多我没见过的奇门兵器，这都能激起我对绿林奇异之士的想象。后来读了唐代的传奇小说，也多次特意挤进人群观察这些江湖武人，看他们的一举一动、一颦一笑，试图找出佯入风尘的侠隐，猜谁是虬髯客、谁是聂隐娘。遇到言语磊落、器宇轩昂的，我也会努力拍手叫好，把自己的零花钱匀出几角递给他们。在看相为生的人里，我记得最深刻的是“金刚眼”。“金刚眼”应该是人们送他的雅号，一方面是因为他有一只眼的眼球像带花的玻璃球，俗称玻璃花儿眼；另一方面是因为他相人奇准，事无巨细，一语中的，使人生畏。没人的时候，他总是微闭双目，垂着头，靠坐在路边的矮凳上，破旧的衣衫令他显出一副苍老的模样，后来才知道，他也只比我大十来岁。少年涉世，被生活消磨，可见他那双洞明别人人生的双眼背后，也经历过许多故事。可惜这些故事也已然随他而去，又有谁知呢？

当时说书的人很多，最让人钦佩的是一个叫狄来珍的先生。称他为先生，并不是他和我有什么特殊的亲情关系，而是尊重。依着老太原的教养，满城的男性，都称作先生，女的都称作太太。不管你是官宦人家的女主人，还是捡破烂家的老婆，都被称作太太。这是人情，也是尊重。民国时候，太原城里是这样，其他的城市也应该是这样。再说这个说书的狄先生，他是河北人，寓居太原，号称“华北评书大王”。一般的说书人，或者擅长说杨家将，或者擅长说岳家军；有人专说风月故事，有人爱讲朝代变更，各有专长，最多会个三四部书，说完了就换地方。唯独这位狄先生，在太原城几十年硬是没换地方，说的书从来不重样，偏偏他又不识字，更是了不起。据说狄先生之所以故事不断翻新，和他的夫人有很大关系。他夫人原是青楼里的妓女，识文断字，多才多艺，后来被狄先生赎了身。狄先生虽然年龄比她大许多，但很是敬重她。每天上午狄先生说完书回家吃过午饭，歇晌的时候，半躺在炕上，喝着水抽着旱烟，他家这位夫人就会给他念书，不管是文人行里的诗词歌赋各体文

评书艺人狄来珍画像（阎子龙绘）

章，还是史书小说、古今杂著，有什么念什么，甚至时下报刊上所载的大小新闻逸事、丑闻暴行，都会念。这位狄先生听完就睡，下午再到书场说书，立马故事翻新，声口毕肖。比如说文人时，吐词之清雅，令许多读书人都闻之咂舌。所以狄先生很是受人喜爱和尊重，收入自然也很可观。当然，《三侠剑》《七侠五义》《三国演义》《水浒传》这些传统的书他也说。后来呢，当时我也小，也是听说，狄先生家的这位夫人和一个饭店的年轻伙计相好私奔了，事发的时候，狄先生正在书场，听说之后立刻追出去拦住。当时他夫人和围观的人都认为狄先生会闹起来，说不定还会经官。没想到狄先生给了他夫人和那个伙计二百块大洋，让他们安家，坊间无不赞叹。后来狄先生也时常在经济上接济他们。这位夫人之后因花柳病早早去世，还是狄先生出钱安葬的。再如，就是我知道的，太原城解放前，里外都是战争，城内饥荒，这位狄先生把自己攒的钱拿出来，买上米面粮食、饼子干粮分给街坊邻居，实在是豪杰之士，比多少达官贵人、军事统领都受人尊敬。我拜师学了武艺，才知道狄先生懂武术，是武术界的名宿刘东汉先生的弟子，精研太极拳，这更增加了我对他的钦佩，更相信市井中有英豪隐遁。在我快到九十岁的时候，同学朋辈凋零，武术界的朋友们很少知道我，偶有人问我何以甘心埋没于市井，我总是付诸一笑，因为我向往的那个江湖，非问者所追求的那个江湖。

少年时，我就在这样的环境里熏染着，不知不觉便受到了影响。我的人生中，习武、研究佛道异书、学习戏曲文学，等等，与童年时期的这段经历有着很大的关系。如果说桥头街充满铜臭味的商业氛围让我觉得压迫，总想着逃离，那么海子边的江湖氛围则更能吸引我。这里自由、粗犷、神秘、多变，有着不可言说的魅力。一直到晚年的岁月里，我都喜欢去公园各种人汇集的地方，在那里，“你是谁”“他是谁”都可以忽略，也都可以激起别人的好奇心和兴味，让人构筑出许多亦真亦幻的故事。每个人都需要在现实中发现一个世界，更需要一个虚化的理想中的世界，来安抚我们寄托在凡尘的身与心。

海子边还有一个坐北朝南的劝业楼，二层的歇山顶式建筑，是清光绪三十一年（1905 年）张之洞在山西做巡抚时所建。清政府经历过戊戌变法、八国联军烧杀掳掠、被迫签订许多丧权辱国的不平等条约等大事件，许多爱国人士强烈呼吁清政府变革、学习西方实业兴国。劝业楼就是在这种背景下建起来的。成立之初，名为“劝工陈列所”，所陈列者为山西的各种土产品和手工业制品，主要是为推广、发展民族工业。劝工陈列所前面的宽阔广场也成了一些进步的知识分子和民众集会的场所，叫“太原公会”。辛亥革命后，大概是在民国元年（1912 年），孙中山先生来到太原，对山西各界群众，同盟会的成员，太原商界、学界、军界、实业界及各党派做了五次演讲，其中三次演讲都在劝业楼。因我父亲当时是老同盟会会员，也受邀参加了。在同一个地方连续做这么多次讲话，在孙先生的整个政治生涯中也是不多见的，所以当时无论士绅还是平民，都觉得非常光荣。可能是因为这件事，后来海子边所在的公园改名为中山公园，抗战胜利后，又先后改名为民众公园、人民公园，直到 1982 年，才改名为现在的儿童公园。紧接着，在 1986 年，劝业楼也改成了孙中山纪念馆，当然这都是题外话。山西大学是民国元年改的名字，原来叫山西大学堂，光绪二十八年（1902 年）创办。文瀛湖对面还有省立第一中学，可见自桥头街向南是当时太原的文教中心。

总体来说，山西是当时的模范省，太原的政治、经济、文教在当时都有相当的地位和影响。而桥头街附近的地方，又是当时太原的经济和文教中心之一。我所见的老太原的繁华有限，清代魏子安的名作《花月痕》写尽了并州城的繁华，闲时不妨一观，足资想往。

安于斯宅

在桥头街上，我家有两个紧挨着的三进院的四合院。当时老太原的四合院，对前朝礼制虽然不怎么严格遵守，但是有能力的旧贵新贵还都愿意坚持老规制，在建筑细节上展示自己的财力和身份，比如用什么顶、什么檐、什么瓦，等等，有心的人都会发现不同。总的来说，当时桥头街附近的四合院有四大类。第一类是有功名、有封诰的人家，比如在开化寺附近的李道台的府宅，多进的院子，花圃荷池，讲究的是肃整清雅。第二类是富商大贾的宅子，营建不怕费工，砖雕木刻极尽华丽，无不刻意彰显财力，双龙巷的几处大宅就是当时富商所营建的。第三类是普通人家的院落，有经济能力的是素净的砖房硬山顶，配三五间平房；经济条件比较差的百姓人家，大多是砖柱土坯的平房，配三两间厢房，勉强成个院落；至于最穷苦的，可能只有一两间土屋，一家人挤在一起，勉强栖身而已。第四类是当时阎锡山治下的新贵们修建的住宅，虽然也是四合院的格局，但大多吸收了西式建筑的风格，像精营东边街国民革命军陆军一级上将徐永昌的公馆，占地三四十亩；校场巷阎锡山秘书长贾景德的旧宅和在东华门的贾公馆等，建筑风格上都逾越了旧制；甚至还有突破四合院格局的，比如阎锡山手下的另一位上将孙楚，在临泉府旧址上直接建造了一幢气派的洋房，不要说在整条街上鹤立鸡群，就是在当时的太原城里也很少见，可惜后来被拆掉了。

我家因有前朝的功名，所以住宅的等级是在第一类的，但是经济实力又比不上富商大贾及军功新贵，所以只有三进。因为是两处紧挨着的三进宅院连在一起，也还算宽敞，颇有中上等人家的气象。另外，我家的宅子虽然是三进，但是院子都比一般人家的宽敞。临街是走马门楼，飞檐高挑，朱漆微剥的大门上几排铜钉，每扇门上都有一个大铜錾兽头，口衔铜环，被摸得光滑润泽，天光之下像两个金月牙挂在门上。每次回家敲门前，我都会看上一会儿。进大门，门洞右手边的墙上开了一个小龛，作为土府，里面供着土地爷。进院迎面是一个高耸的照壁，上嵌着砖雕的松鹤百寿图，四角以蝠纹、云纹为饰。照壁正中靠上也开着一个龛，砖雕的楼阁，祥云围绕，这里供奉着天帝爷。前院和后院正房之间有一个小而精致的花园，二门是精雕的垂花门，正房和每进院的厢房都是五间。厢房是双出水的筒板瓦硬山顶，正房多了团花脊岭，两头安放着闭口兽吻，兽尾高高扬起，似乎随时都会破壁而出，御风而去。

后院正房是二层的楼房，一楼有抱厦，门窗架梁都有雕饰，护板上有彩绘和浮雕，都是飞檐远探，像凤喙龙须一样，十分神气。堂屋正中是一条卷云纹两头翘的长条几，下面是一个束腰马蹄足的八仙桌，雕花繁复，牙枨镶螺嵌贝。桌子左右有两张书卷背搭脑太师椅，都是核桃木的晋做家具，十分华贵庄严。墙上是一幅浓墨重彩的山水中堂，左右各两条对联，笔墨都很出彩，可惜已记不得是出自哪位先生之手了。条几正中间是一面很高的神主楼，打开嵌着铜环银钉的小门，里面供奉着安氏列祖列宗。条几两边是两个插花的胆瓶，四季的花卉时常更换。条几上面，在太师椅背后还有两个帽筒，来访的先生无论戴的是传统的还是西式的礼帽，在落座之前都会脱帽，并随手放在身边的帽筒上。在堂屋右侧通往祖父卧室的门口，还有一个时髦的玻璃做的穿衣镜。我对堂屋的记忆，最深刻的就是条案正中供奉的神主楼。老太原的旧俗，每年年三十下午，在太阳落山之前，要放鞭炮、上供、接神主。在此之前，需要把神主楼擦抹干净。在我印象里，擦神主楼，好多年都是我和母亲的事儿。浮雕的云，一朵一朵擦干净；镶嵌的小木瓦，一片一片擦干净；雕刻的门窗木格，一格一格擦干净；写着列祖列宗尊讳的小神主排位，需专门换上干净的细绸擦抚一遍……每次让我觉得苦恼的就是擦拭瓦缝、镂空的窗格、浮雕的云草纹样，小手持着布块，小心翼翼，要费好多工夫。

高高的院墙，从外面看显得冷漠，有点拒人于千里之外的感觉，但进了门却是另一番静雅。每次从喧闹的街上走过，各种气味、声音压迫着鼻子和耳朵，让人挣脱不得。一旦走上这几级台阶，手抓住铜环叩门的时候，心里便会安静许多。只是这几级高出街面的台阶，仿佛就已经让我从市井红尘里超脱了出来。回身看看街上，贵的贱的、穷的富的、拉车的坐车的、赶驴的骑马的……你挤我扛混在一起，看得久了有时竟然会生出伤感。等开了大门进到院子里，刹那就进入了另外一个世界，外面的喧嚣都会远去。围着正房抱厦前的鱼缸走上几圈，缸中的荷花或开或不开，我都很喜悦。如果不外出访友，祖父总会在后院的书房，或者持卷吟哦，或者搦笔沉思书写着什么。母亲身子弱，极少出门，一般会在东厢房和帮佣的女人闲聊。人的心理是奇怪的，在街上被各种喧嚣与气味裹挟时，向往的是深宅中的安静，而当我进入这几层院落后，却在这深深的宁静里感到些许的寂寞。当这种孤寂从心底生出来的时候，我就会悄悄爬上后院二层的阁楼，凭栏远眺。远处有点破旧的城楼依然雄伟高耸，像一个看惯世事、心无波澜的老者，或者是一位坐在须弥山巅俯视众生的老僧。近处依然人流如织而声音微弱，恍如在别的世界。天空瓦蓝瓦蓝，有云有风，还有不知谁家的鸽群和不知名的野鸟飞过，像夏季海子边水藻上游过的蝌蚪群，或者一掠而过的鱼子群留在水底的影。

当时我心中的窘迫与不安被渊静沉默的祖父看破了。过了些时候，祖父便请来了先生教我读书，我的心才逐渐安定下来。因为在这几重宅院外，我找到了更大的世界。院落内外的喧嚣也罢、闲愁也罢，相比于古人书籍里所构建的那个世界，似乎真的渺如尘埃不足为道了。

另外，我家里还有六七间店铺门面。因为祖父尚在，父亲和两个叔父并未分家，各自成家之后仍住在一起。家中生活靠父亲与四叔父的薪水。当时尊师重教的风气颇盛，任教职的父亲与四叔父薪水也丰厚，尚可维持一大家人的开支。三叔父打理着这六七间店铺门面，因为是书香人家，先祖父不许亲自经营，大多是出租。门面的租金，加上家里几间闲房的租金，家中经济状况还是充裕的。

记得当时桥头街上有几户大户人家，最著名的就是马家和安家。马家也是世代书香、积德行善，现在还有人在，他家老四还很健旺，和我时有来往。安宅早在桥头街改造的时候就被拆了，而马家老宅是近些年修铜锣湾商场的时候被拆的。其余几户老街坊已经星散，甚至记不起他们的姓名和模样了。八十余年光阴，沧桑数变，恍然如梦。

退休后的二十多年里，每次路过旧宅附近的街道，都会看到拆建工程。不数年之间，附近的街道巷口统统改了样子，寺庙宫观、四合院、老洋房、明清遗迹、民国影痕，一个接一个地消失了。这种消失，让我这个衰朽之躯颇觉悲伤。就像这是一个人、一只动物，不仅被剥夺了生存的权利，还把它们存在过的痕迹也一并抹去。城中建起了商场、影院、宾馆，一座座高高耸立，仰望不见其顶。霓虹灯招牌、艺人巨幅照片高悬，让我心慌憋闷。曾经见证我成长、熟悉我、认识我的太原城没了。时间像是无边的大海，渊深寂静，而我的这些记忆与时光，也逐渐沉没在这个黑邃的海底。前几年在迎泽公园里练完拳，听人说又在拆老街巷，我专门骑车过去，远远地看了一眼，除了高楼林立、歌声喧哗，什么也没看到。扶着自行车在路边站了一会儿，想到以前几级台阶便可以让我脱离这些喧哗，现在即使登上高楼，仍不免是无边尘嚣，竟似无处可以躲避。一片树叶掉了下来，落在肩上，我随手把它装进口袋里，回家了。

这说的是最近这些年的变化和情境，其实早在"破四旧"的时候，我就有过这种感受。当时，父亲专门请人来，把家具上的雕花或者刨平重新刷上气味难闻的化学漆，或者拆除烧掉。堂屋的八仙桌也被刨得不成样子，还装了两个丑陋的抽屉，以示与旧事物划清界限。神主楼也被劈作一堆烂柴抱到厨房去了，上面的铜饰以及大门、各个房门、箱柜上的铜环装饰也都被拿去大炼钢铁。正房、厢房、照壁上的飞檐彩饰一律除掉；砖雕兽瓦，凡是人够得着的地方，也都主动捣掉了……整个院子一下子失去了它的神韵，如同剪除了羽翼的凤凰，样子实在丑陋不协调。家具上的画和浮雕的图样，有十分精美的，父亲实在下不了手用斧凿，便冒着风险，糊上石灰、抹上泥，然后再刷几遍漆遮住，也是无奈之举。即便是没了神主楼，逢年过节，我们还是一样接神主，只不过是偷偷摸摸的，要避人耳目。父亲把列祖列宗的名讳写在纸上，藏在穿衣镜后，一家老小偷偷地对着一面镜子行礼，实在滑稽可悲，有失体统，可是祖宗岂能不敬？无奈！无奈！料列祖也会体谅吧。现在社会上有人开始重修家谱，是想再供奉自己的祖宗，可是上溯不过三代，连祖宗的名讳都遗失了。

开蒙

民国十年农历九月（1921 年 10 月），我在桥头街老宅出生了。

听父亲说，在我出生之前，有一个哥哥夭亡，母亲本来就多病，此事对母亲的打击很大，精神与身体都更差了，时常靠药物调养。后来怀上我的时候，举家欢喜，母亲更是精心保养。即便是这样，我先天身子也还是弱，加上哥哥夭亡的阴影，家人就把我一直看在家里。除了个别时候跟随母亲、婶母去寺庙上香、赶庙会外，寸步不许走远。所以即便到了开蒙年龄，也没去外面的学堂，仍是依着旧礼请先生来家里设馆。当时请的先生有：一位讲经史文章的，一位讲诗词歌赋的，一位教书法绘画的。为了方便先生来教，家里专门雇了一个拉洋车的，定时接送先生。当时太原汽车极少，只有政府、公馆有几辆，而马拉的老式轿车越来越不时兴，街上跑的都是洋车，外地叫黄包车。这种车大街小巷都能去，也轻便便宜，所以当时就雇了洋车接送先生。

先生来家之后，父亲带着我拜了孔子像和先生，学习算是正式开始了。在此之前，父亲也会督促我诵读经典和一些诗文，接触到古人的一些东西，但是零零碎碎很不系统。我的主要功课先是四书，然后是五经，五经之中又以《诗经》为主，先生也会抽讲《礼记》的一些篇章。其次的功课就是辅以先秦诸子，《荀子》《老子》《庄子》是大宗，用了很多工夫诵读。再次就是诗词古文，自秦汉至民国的一些名篇佳作，由先生指定选读。可能和我个人性格有关，刚开始学习的那几年里我尤其喜欢宋代的词，沉迷在它们的情境和韵味里不能自拔，许多说不破、不能说破的情绪，失落的、慷慨的、清发的、含蓄的、直爽的、低回的……恨不得一个一个都替古人道破，这些苦楚与离别的情绪都替他们承受了。后来读古文，读《唐宋八先生文集》，喜欢上了韩文公。其文章奇崛冷峻，恩怨、是非分明，外表看似不近人情，内里却是古道热肠，上到家国天子，下至黎庶草木，无不挚爱。他的诗歌也好，雄强时能唱“城上赤云呈胜气”“划然变轩昂，勇士赴敌场”，气吞天地；清婉处不乏“天街小雨润如酥，草色遥看近却无”“长安雨洗新秋出，极目寒镜开尘函”，又细致清新。不过诗歌里我更偏爱陶渊明，七八岁时初读陶氏集，便对

《归园田居》所构画的境界产生了极大的向往。当我把我的欣喜告诉祖父和父亲时，祖父沉吟了一下，说：“你少小便有出尘之想，怕是将来也是逸民隐士之流。也罢，当今是文灭学绝的时候，不爱功名，也是你的福。”

当时懵懂，不知祖父他老人家忧惧文明衰颓的苦心，反而在受过西式教育后暗笑过他的迂腐守旧，至今想来不禁惨然。说来也奇怪，受过新式教育后，很多观念和理想都放弃或者改变了，唯独在开蒙时建立的归居田园的生活梦想不曾动摇过。这个时期所读之书，除了诗词外，基本都是先秦汉魏的著作，因此后来读大学的时候就学了先秦文学。

除了经书诗词文章外，也试着学作文，但当时已经没有科举，因此先生也不做严苛的要求。加上我年纪小身子又弱，每每只是潦草应付，塞责而已。读书以外的时间，家里还专门请了一位名家教我写字画画。为此祖父拿出了他珍藏的一套珍本《芥子园画传》，供我临摹学习之用。这部书由清初大文豪李渔老先生编订，分为三集。初集是山水树石，二集是兰竹梅菊，三集是草虫珍禽和翎毛花卉。它属于康雍年间的印本，多色套印，精美异常。现在市面上大多是光绪以后坊间的石印本，画面粗恶，线条臃肿无力，加上纯墨色翻印，几不能寓目。我当时最爱其中的翎毛花卉，喜欢画些花花草草、鸟儿动物。

当时也会跟随祖父和先生参加一些文会雅集，我最喜欢去的要数张贯三先生家了。张先生（1872—1959）名籁，字贯三，一名闻三，号闲田。光绪二十八年（1902 年）考取了壬寅补行庚子、辛丑恩正并科，是科举人，春闱落榜，遂入京师大学堂习法学专业，辗转北京、河南等地任教，民国七年（1918 年）任国立山西大学文学院院长。张先生是名震三晋的大藏书家，山右名儒，一代耆宿，三晋学子多萃其门。家里老宅子不足以藏书之用，故在海子边三圣庵构筑藏书楼一座，榜其楣曰“海藏庐”。楼内鸿函钜椟，邺架巍巍，尤以所藏明末清初诗文集最称精华。他十分重视方志类的资料著作，中国各省通志、山西各县州府志，是张氏藏书楼最具特色的藏品。此外，还收藏有大量的金石碑拓、名人墨迹。张先生在民国十四年（1925 年）编著了一部《海藏庐集部书目初编》，约六万八千余卷，也非其藏书之全豹。在那里，我可以自由借阅，遇到疑惑，张先生也会欣然为我作解。张先生服膺程朱之学，精于理学家言，心地光明，律己极严。每次请益，我都会有收获，或温或厉，对我的影响很大。张先生盛年为藏书楼立约："不得散失，勿归商贾，鬻书者，不如禽犊。"以求约束子弟，使藏书传之久远。新中国成立后，因其善本古籍、名人字画被多次贱卖，老人失望之余，不得不将所有藏书以低价转于山西大学。书虽有其归宿，而人生如此，诚堪悲伤也。

十岁之前，我在家的学习状况基本是这些。当时社会上的新学堂大都流行西式教育，由于家庭的特殊文化氛围，我错过了新式学堂的开蒙教育，老老实实地打了些旧学的基础，后来我能在人生和武学上有些许体悟，也实赖这些典籍做底子。

在我接受传统的旧教育时，父亲是支持的，但同时他也很矛盾。父亲本身是比较矛盾的人，自小被祖父严格培养，奔的是科举，要光耀门楣。后来宣统退位，废除了科举，举世倡议西学，父亲也积极投入学习，甚至积极地加入了同盟会、国民党。新学旧学、新社会旧社会都经历过，他对旧学的价值和西学的趋势是有所感知的，所以在我旧学有了几年的基础后，他就开始筹划对我进行西学的训练。但他当时正在桥头街小学校长任上，除了教学任务外，还有公务在身，根本无暇顾及我的教育，更不能亲自对我进行西学训练，只好退而求其次，请同样在小学任教的四叔来辅导我。这样又过了一年多，直到民国二十三年（1934 年），我已经十三岁了才去上小学堂，去的是上马街小学。

说起走出宅门和传统的私塾去接受新式学堂的教育，其间还有一点小插曲。父亲弟兄四个，而到我这一代，男丁不旺，再加上哥哥夭亡的阴影和我先天身体就弱的缘故，祖父一直把我看在家里，甚至不许父亲把我送到学校。等到我十一岁的时候，父亲看我身体还行，并且觉得我年龄一天天大了，同龄的孩子早就进入学堂，再不让我去读书，恐怕就荒废了。他和我母亲说了几次，母亲也不敢和祖父开口。后来父亲实在忍不住，下了个决心，偷偷把我叫到母亲的卧室，交代了几句，说如果祖父问起来，就说是我自己想去新学堂读书。有一天下午，祖父访友回来，兴致颇佳，说到某先生家的弱孙学洋文，口齿伶俐，模样颇可亲。父亲趁机就和祖父商量我读书的事，祖父抚着蓬松的胡须，抬头望望门外，稍微沉吟便立刻答应了。这让父亲很意外，我也觉得惊喜，当晚躺在床上做了好多的计划，都不知道什么时候睡着的。

就在祖父同意我去新式学堂读书后不久，有一天祖父让母亲叫我和父亲。去后院的时候，在中院廊下，父亲悄悄地说："不会是让你去学堂的事情有反复吧？"

等进了后院，祖父看了我们一眼便进门了，父亲拉着我跟了进去。祖父斜对着我们，轻声说："既然同意放他出去读书，便绝不再反悔，我也非不知时务的，只是心里颇有疑虑。"

说话的时候，他安静地站在那里，眼睛盯着堂上的神主楼，眉头微皱，手指紧紧抓着太师椅的靠背，花白整齐的发辫垂在背后，这让我心里觉得心酸惶恐。父亲刚想说话，祖父说："这样吧，你去请个深于命理的先生来给他看看。这些年我们也算是谨慎保养了，如果真有定数，也就听天意吧。"

过了几天，父亲访了一位先生，带来见祖父。先生上下前后相了我一会儿，又问了我的生辰八字，父亲便让我出门去了。至于这位先生推算的结果是什么，我当时不得而知。只是之后祖父接连几日都郁郁寡欢，看我的眼神也多了一些悲伤的味道，抚着我的头也会叹气，让我疑惑不已。后来忍不住问母亲，母亲抱着我哭了起来，说那个算命理的先生是出了名的神算，说我活不过十五岁。我闻之凄然，才醒悟到原来祖父当日望着神主楼说的疑虑，就是怕我也像哥哥一样夭折，那样安家长房便真的无后了。安慰母亲之余，我心里也立誓要健康长寿。所以后来愿意习武，也有此事的影响。

不管怎样，我出去上小学堂的事情还是定了下来，父亲很快便到离家不远的上马街小学做了了解，校方也同意我新学期入学。就这样，我带着未知的命运，开始了到新学堂读书的生活。进入新式的小学，我比同辈晚了好几年，身材也比同班同学高出很多，这让我有点害羞。而当时却不知道，走出宅院的庇护，走向汹涌的人世并找到自己的归宿，却要用我未来的一生时间。

民国二十六年（1937 年），我刚开学不久，日寇就攻破了太原外围的防线，太原沦陷。据说城西汾河河滩上堆满了尸体。当时有军队往西撤退，百姓也跟着出城，日本人就派战机空袭。汾河边上又无险可守，军民挤在一起，人挨人，被炸得凄惨，河滩血红，残尸漫河。很快，日本人接管了学校，来了很多日本教员，要求我们学日语。同学中智识成熟些的，无不愤懑；稍微年幼懵懂的，也感觉到一种无形的压迫感。课间原本充斥校园的欢笑打闹声消失了，大家走路也小心起来，看见日本教员一般是不太敢抬头的，尽管他们也时常眯眼微笑、颔首示意，大家也不敢轻易回应。

日本人接管学校不久，父亲就赋闲在家。因为他不甘心为日本人管理学校，于是选择了辞职。对于那些配合日本人继续工作的校领导，他也没有过于苛责，只是有些羞愤不甘，认为该奋起反抗，却又同情他们养家糊口的实际困难。四叔问要不要一并辞职，父亲说："你是教员，与我身份不同，不应当把三尺讲坛全让日本人占住，该给中国的子弟讲些中国人的知识。"

四叔便没辞职。父亲赋闲的这段时间，四叔的工资已然不能应付家里的开支，全家明显感觉到了一种恐慌——经济萧条带来的恐慌：满城物价飞涨，物资紧缺。幸亏还有些许房租收入和三叔打理铺面的收益，生活虽然已经显出窘迫的迹象，但较常人还是好过一些。这种日子也没持续多久，最终和许多街坊一样，我们开始典当财物、抵押房产维持生计。我们这种有些家业的人家尚且如此，那些穷苦人生活之艰辛可想而知。

日寇入城后实行了惨无人道的统治，父亲便让我从学校回来，不让我去了。随着城里氛围越来越压抑，街道上空气越来越紧张，日本人开始备战，防止阎锡山军队反攻，人心惶惶。父亲让亲戚带着我随着难民逃出了太原城。这一去就是两年，流落各地，艰辛备尝。民国二十八年（1939 年），父亲在城里写信给我，让我回来。我才得以继续读书，去的是校尉营小学。

日本人入寇太原，打破了阎锡山的战略布局，也使父亲让我系统地接受西方教育的计划彻底落空。回到学校后，我也和同学们一样，不得不学日语。教我们日文的那个日本老师，也就十八九岁，像是从大学里直接派到中国的，因为年纪比我大不了多少，所以对我特别留意。改革开放后，中日邦交恢复正常，他来过中国，我们还会过面。当时日本派的教员里，并非全是日本人，还有朝鲜人，当时朝鲜也是因日本而亡国，他们竟然还为虎作伥来侵略中国。我印象里有一个朝鲜老师，名字不记得了，我当时有些瞧不起他。他教我们跳绳，花样很多，在水井井台上跳，一口气跳二百多个，看得我们提心吊胆。这些在国难时候所经历的，多是耻辱之事，不提也罢。

崇善寺和力宏和尚

我也常想，人的命运真的是注定了吗？由于身子虚弱，我出生后十二三年的人生都在宅院里度过，祖父、父亲、母亲、叔父们、婶娘们都小心地守护着我，堂兄弟姊妹们也都颇关爱我。自我记事开始，如果不是重要的日子，一般不会让我走出大门。但有几个日子他们会带我出去，比如去祖坟请安祭拜、随祖父拜访前辈等，都会让我换上体面的衣服随行，但这种场合比较拘谨，我一般不太情愿。还有一种时候可以外出，并且我也乐意的，就是逢佛菩萨的诞辰，便会带我去寺庙。母亲和婶母们都是吃斋念佛的善女人，带着我朝拜了太原城大大小小的寺庙道观。父亲虽然主张新式思想，但对中国儒释道三教的圣贤也非常敬重，也会借朋友间会文、雅集的时候，带我去参观一些有名的宫观寺庙，像重阳宫、崇善寺、文庙等。这些寺庙有的让我觉得别扭，有的觉得喜欢，唯独崇善寺给我的感觉不一样。

说来像故事一样，祖父让父亲请算命先生来家给我推算。后来母亲告诉我，那个算命先生说我本不是凡尘中的人物，活不过十五岁，但是如果在十五岁前到寺庙、道观出家做和尚或者道人，或许还有转机。实在不愿意出家，去找个高僧高道做师父也行。听母亲这么说，看着她悲伤的模样，我心里也十分恐惧悲戚。有一天，记得是个下午，趁大人们午休的时候，我便悄悄溜了出去，一个人去了崇善寺。为什么会去崇善寺？我也不知道。可能是离家近，顺腿就到了，也可能冥冥之中和这里的因缘成熟了。

崇善寺在狄梁公街，据我看到的资料，它初建于唐代，原来叫白马寺，和洛阳的白马寺同名。后来改名为延寿寺、宗善寺，明代才改成崇善寺。这个寺原来不大，有人说它原本是隋炀帝巡幸太原时的行宫，还有人说它是武则天少时出家的旧址，虽然现在已经没有史料佐证，但是故老相传如此，聊备一说罢了。如今你们去的话，可以看到山门右额刻有“宗唐遗址”四字，很可能就是源于这些旧说。

原来的崇善寺格局很大，现在只有一点点，小小的一个院落。在明朝初年，洪武十四年（1381 年），晋王朱㭎（朱元璋第三子）上书明太祖洪武皇帝，请求建寺纪念其母孝慈高皇后马氏。据寺内木匾上的文字记载：洪武十六年（1383 年）四月，明太祖批准建寺，朱㭎选择了在唐代白马寺旧址上扩建，至洪武二十四年（1391 年）竣工，占地二百四十五亩，非常宏伟，定名为崇善禅寺。

据寺内保存的《崇善寺建筑全图》记载，崇善寺是宫殿式建筑，是按照当时相当高的规格修建的。中轴线上有金刚殿、天王殿、大雄殿、毗卢殿、大悲殿、金灵殿，由南往北一字排开。在各大殿的左右两厢，又整齐地排列着一系列小院落。它们不仅对称，而且整齐划一。寺内大雄宝殿居中，面宽九间，高达三十余米。殿堂楼阁、亭台廊庑近千间。这种格局，与北京故宫中轴线上的主殿和东西六宫的布局极为相似，富丽堂皇，极其壮观。之所以有这样大的规模和规制，是因为它不仅是一座寺院，还是晋王自家用的祖庙。中轴线上最后一座大殿叫金灵殿，就是一座没有帝座的祖庙。这在中国佛教寺院中是罕见的。崇善寺既是佛教寺庙，又是皇家祖庙，所以自明至清，降至民国，香火一直比一般寺庙旺得多。可惜的是，清同治三年（1864 年），崇善寺大火，前殿、正殿等主要建筑均被焚毁，六大主殿只留下了一座大悲殿及一些附属建筑。清光绪七年（1881 年），张之洞做山西巡抚时，在崇善寺的废墟上建造了文庙。所以现在的崇善寺只是原来的几十分之一。

虽然只有大悲殿保留了下来，但它却凝聚着崇善寺的精华，保存着举世无双的三类宝物。第一类宝物是它的藏经。大悲殿保存的佛教藏经数量之多、版本之名贵，在全国都是罕见的。如北宋《崇宁万寿藏》、南宋《碛砂藏》、元代《普宁藏》及明版《南藏》《北藏》。《崇宁万寿藏》又称《鼓山大藏》，前后用了三十三年时间刻成。原刻本共五百六十四函，五千八百余卷，存十七卷零十八页。《碛砂藏》是南宋绍定四年（1231 年）开刻，到元英宗至治二年（1322 年）完工，历经近百年，共五百九十一函，六千三百六十二卷，存五百六十二函，四千八百四十六卷。除此之外，这里还保存着元版藏经，即元皇庆元年（1312 年），由民间募资刻印的《普宁藏》，存有五百零五函，四千二百五十七卷。明版《南藏》原藏在太原十方院，《北藏》原藏在大同某寺，后来都移存在崇善寺了。崇善寺的第二类宝物，是供奉在大悲殿须弥座上的三尊贴金菩萨立像。这三尊菩萨都是明洪武年间塑的，正中是千手千眼观音菩萨圣像，左为普贤菩萨圣像，右为千手千钵文殊菩萨圣像。三尊立像均高两丈半有余，身姿秀美，雍容华贵，面目慈善。崇善寺的第三类宝物，是两套壁画的精摹本，一套是《释迦世尊应化示迹图》，一套是《善财童子五十三参图》。这两套摹本，虽经五百余年，仍鲜艳如初。另外，基本保留着明代原貌的大悲殿、明代血书《华严经》（明代净洁和尚用舌上血，花了十三年写就）、明正德元年（1506 年）铸造的大铁钟（在大院东南拐角的大钟楼上，此钟重达九千九百九十九斤）、山门前洪武年间铸造的一对铁狮，等等，都是艺术珍品、人间至宝。

我之所以事无巨细地说这些，是因为这些在我十二岁那年，那个忘记具体日期的午后，从我无意间走出家门、走进崇善寺开始，便进入了我的人生，对我的整个人生都有着巨大的影响。刚才说的这些都是举世公认的珍宝，而在我心里，崇善寺还有一件世间罕有的宝贝，这件珍宝在那个下午走进了我的生命。因为这件珍宝的出现，我才有了接近崇善寺其他珍宝的因缘，其他的珍宝才转化为我精神世界的梁柱楼阁，共同构筑了我魂灵依止的大厦。

那天，是一个再平常不过的日子，没几个香客，我漫无目的地在寺内晃荡。夏日午后的寺院内，红墙碧瓦，花卉仍新，松柏之影横斜满地。举头而望，白云横空，金轮晃耀。俯首而思，浅吟几句诗文，颇觉适意。走到大悲殿的时候，阒无一人，案上有鲜花果供，供桌正中铜炉中的残香还有微烟袅袅。殿后传来一阵唱诵和木鱼声，若有若无，远不如院内的蝉鸣响亮。我仰视着须弥座上八米多高的三座圣像，对着中间千手千眼的观音菩萨仔细地端详。从头上的宝冠、身上的璎珞服饰到手里的四十个法器、菩萨的眼神……我细细地看着，一开始还在心里判断着“这个装饰漂亮”“那个装饰还可以更好看”，把这些仅仅看作是艺术品，孩子气地评判着。可是看着看着，莫名其妙地悲从中来，眼泪也肆意地流了出来，弥漫满脸，不可遏制。一开始还刻意控制，后来便索性号啕大哭起来。

不知道哭了多久，一只温暖的手轻轻抚在了我的头上，我抹着眼泪，回头看了一眼，迷蒙的视线里，一袭清癯的僧袍背门而立，因为是逆光，一开始没看到他的脸，但确定是一个年老的和尚。他摸着我的头说：“怎么了，孩子？”

我抽噎着说不出话，一个劲地拿衣袖抹眼泪。他说：“别在这里哭了，跟我来吧！”

我整理了一下衣服，跟着他走到了大悲殿的后面，一排几间矮小的房子，他走到其中一间的门口，掀开竹帘说：“先进去等会儿，我去给你打水，洗把脸。”

我低头走了进去，这是一个小单间，不足十平方米的样子。里面靠墙只有一张床，门口靠窗一张旧书桌，桌前一把椅子，椅子上的坐垫已经补了许多补丁。书桌上整齐地摞着几函书，笔筒里插着几支毛笔，笔筒右侧有一个小砚台和一块瘦骨伶仃的太湖石。再仔细看的话，书函下压着一叠笺纸，旁边还有一支洋派的钢笔。那块太湖石上面有几个天然凹陷之处，沾染了许多墨痕，我思忖了一会儿，恍然大悟，那应该是被用来做笔山了。除此之外，别无长物，所以房间虽小但显得很空旷、整洁。

我局促地站在这个小小的还没有我卧室大的房间中，却像进入了一个清凉无边的世界，周围的墙壁近在眼前，却又遥不可及，似乎矗立在我永不可能触碰到的地方。帘外的暑热似乎也已隔世，原本让人心生懊恼的蝉鸣，也竟然悦耳如同平剧中的名角儿所讴。在快要观察完室内简陋的陈设时，老和尚端着一盆清水，用背推开帘子走了进来，说：“来，洗把脸。”

说完把水盆靠着墙放在了地上。这是一个红釉的瓦盆，我撩起长衫蹲了下去，伸手抓起搭在盆沿的毛巾，盆底的水中，有眼睛红肿的我，还有一位在我身后安静地站着的僧人——我心目中崇善寺的珍宝。

等我擦完脸，他转身坐在床边，指指书桌前的椅子示意我坐。我掸开长衫的后摆浅浅地坐在椅子的边上，将前摆抻开罩在腿上，抻得平平的，双手放在腿上，抬头的时候，他正看着我，满面含笑，眼睛眯着。我有点不好意思，心里想这应该是世外的修行人，我把世俗的礼带进来了，怕是被嘲笑了。他突然笑了起来：“看你这举止，应该是书香人家的孩子。敢问尊姓，府上哪里？”

用的是官话，却带着明显的山西北路口音。我如实回答了，他“哦”了一声：“怪不得，安先生家。我们也很相熟，老朋友咯。”

听他说到“安先生”，我猜测着，他和我祖父或父亲有交际，还是与我哪位叔父相熟？他安静地拨动着手中的念珠，一双明亮的眼睛若有所思地瞟了门外一眼，我也随着他的眼神向帘外看了一眼，依然阒无一人，只有蝉声如水。帘外树荫花影重重叠叠地砸在台阶上，如一卷没骨的册页。过了一会儿，他又突然问我："今天为什么事悲伤呢？"

我低头想了一下，竟真的不知为什么悲伤，尴尬地说："回师父的话，我也不知道，就是看到大士的塑像时突然就忍不住流眼泪了……"

等话聊开了之后，就又说到了算命先生的事情，说到了祖父落寞的神情……我从来不曾向人说过这么多话、这么多事，尤其是一个初次相见的人。只是觉得说这些的时候，心里越来越安静，越来越清明，那些有名无名的烦恼似乎都得到了净化，内心似乎也澄澈起来，喜悦从心底生出，自己也忍不住微笑起来。他似乎饶有兴致地观察着我的变化，我十分不好意思。他说："你也是一个有慧根的人，既然和敝寺有缘、与大士有缘，又撞上了我，以后我就做你师父吧，算命先生所言本不足凭信，但现在也算依照他的破解之法做了，回去好让你家大人们安心。"

我不假思索地答应了，但马上又迟疑了：这不是一件常遇到的事情，以我的经验不知道怎么应对，不知道该以什么礼节应对。况且没有禀告过父祖便私自允诺，也不太得体。正犹豫的时候，门外有个小师父隔着帘子向里看了几次，我想这应该是有事吧，便立刻站起来告辞。老师父站起来说："也罢，你先回去吧，回去后替我问你祖父、父亲好。平时多读些圣贤的书，修养性命，不要被江湖术士之言乱了方寸，蔽了灵明。对了，我是敝寺住持，法号力宏。嗯，你说'力宏'这两个字，你父亲可能不熟悉，你告诉他

力宏和尚

我俗家名字叫王建屏。”

我立定作了一揖，转身往家走，出了寺，便是喧闹的上马街，热浪扑面而来。转身看看红墙碧瓦，方才的清凉竟然有些不真实了。

晚饭时候与父亲聊起这件事，父亲听罢放下筷子，惊讶地说：“原来是他！本来我还不太主张让你拜个和尚师父，如果是他，反而是你的造化！”

晚饭后，父亲很有兴致地给我介绍了这位力宏和尚，加上后来我了解到的一些情况，这位僧人的履历大概是这样的。

力宏和尚，俗姓王，名建屏，字树侯，山西忻州城西五十里车道坡人。世代务农，家境清寒。替人放牧帮佣，却不改向学之志，田间山上，手不释卷。七岁时，因为三天工夫便熟诵《三字经》，塾师免除学费许他旁听。十六岁便做了邻村的塾师，二十岁中秀才，二十三岁补廪。光绪二十三年（1897 年）被推荐入太原令德堂。光绪二十六年（1900 年），受义和团爱国运动影响，愤懑于清政府的无能，返乡组织武装“社团”，宣讲国家变革之理，联络志士，习武操练谋举事，后来事泄入狱。狱中两年，经学宪和乡里名流营救，被保释出狱。光绪三十一年（1905 年），在山西农林学堂就读，同学赵戴文从日本归国，经赵联络介绍，加入了同盟会。光绪三十四年（1908 年），受同盟会山西支部委派，到包头、萨拉齐一带从事秘密活动。他旧学渊厚，人缘极好，当地有学识之士多佩服他的才略，为他的活动提供了很多帮助，经他发展的同盟会会员，后来都成了包萨一带辛亥革命的骨干。太原辛亥起义前，他受同盟会山西支部急召，从归化返太原，与同志一起商定了忻、代、宁军民起义计划，南援太原，北助包萨，并将起义计划告诉了阎锡山、赵戴文。军政府委任张瑜为北路军司令，王建屏为晋北安抚使，随北路军北上，先后攻克代州、营州，节节胜利，直逼大同。进入民国后，他先后为民军辎重营长、陆军车厂厂长。后来阎锡山投靠袁世凯，背叛了孙中山，竭力排挤和杀害革命党人，排除异己。时任命民政次长的王建屏，因同阎锡山政见不合，屡被降职，逐渐被排挤出局。民国四年（1915 年）秋，皈依终南山悟真寺妙舫法师，法号力宏。

从民国四年（1915 年）到民国十年（1921 年），除了佛事活动外，他一直主笔《晋阳日报》，推崇民意，宣传革命，鼓动山西民主革命运动。同时任私立中和中学教员，兼任山西省立国民师范学校（以下简称“国民师范”）国文讲师。后来，经历了袁世凯的洪宪帝制、张勋的复辟。政治变化无常，舆论压力极大，而他作为《晋阳日报》主笔，立言审慎，不以曲说阿世，十分难得。民国十二年（1923 年），力宏和尚应平津佛学界邀请赴北平，阎锡山怕他到天津后不受约束，便委任他为阳曲县知县，被他婉言拒绝。民国十六年（1927 年）三月，他在海子边建佛殿，又募资铸万斤铜佛像，供瞻仰参拜。民国十七年（1928 年）五月，赴北平任京西万寿寺方丈，募资数千元，清理寺院积债，修缮寺院。翌年，任北平佛学会副会长，主持出版《佛学月刊》。民国二十年（1931 年），他重返山西，任山西省佛教会会长，值市政当局将崇善寺改为关押小偷、烟鬼的“自新讲习所”，经他多方奔走，带领佛徒请愿，方将寺院争回，使崇善寺古刹得以保存。我遇到他的那年，他正任太原市佛教会会长，主持崇善寺事务，努力保护和恢复这一寺庙。

隔了几天，父亲和祖父说了这件事，祖父让父亲备上礼物带着我专门去了一趟崇善寺，见着力宏和尚，我当下磕头见过礼，算是认了师父。后来又受了戒，算是正式皈依了，法号叫常悟，老和尚希望我悟到“常”，悟到“无常”，常常有省。可是我却常不悟，辜负了此名，辜负了老和尚。有一段时期让我写材料交代封建愚昧思想，我专门写了一节叫作“认和尚当师父”，但其实我一点也不后悔，甚至很感恩能遇到他老人家。他本是传统书院里的高才，又在日本留过学，见识过东洋明治维新的成就，思想开化，还是个硬骨头的革命家。经历过大事，见过大世面，勘破功名与世间浮华之后才出的家，眼界、境界、见地自然和一般的僧人不同，从里到外都不同，脚跟也站得牢固。他对我的影响可以说是终生的，因为他，我树立了佛教的信仰，改变了轻视传统学问的想法。同时，他也让我知道佛教不是迷信，中国的文化也不尽是封建、愚昧和落后的。

因为大悲殿里相遇的因缘，力宏老和尚对我很是器重，甚至说觉得我这个孩子挺有意思的，很愿意栽培我。人生的善缘和相识就是这样，彼此都能够感受到对方的特别，并且还能欣赏、接受这种特别。自从认了师父，我就隔三岔五地往崇善寺跑，家里也不甚拘束我了。只要力宏和尚在，我便问东问西。这期间他教我打坐、诵经、念佛，念佛我专念观世音菩萨圣号。此外，他还打开那一排排樟木的藏经柜，让我阅藏。因为他老人家的原因，崇善寺的三类秘宝都成了我参学的“教具”。因此，崇善寺的宝藏次第向我展开，佛法的宝藏也次第显现。所以，从这个意义上说，力宏和尚是我最大的秘宝，是为我打开龙宫的密钥。这段时间是我融合诗文儒书、百家杂著的一个重要阶段，由于对佛法的探究，对儒家、道家、西学的认识也有了很大的提升，对传统的感悟似乎也更深了。议论到某些道理，一向严苛的祖父也会掀髯一乐，夸一句：“知见不错。”除了学问上有些长进外，我修行的功夫也有很大的进步。尤其是静坐的功夫让力宏和尚很是惊讶，说：“你天生就是个老修行。”

有时候兴致来了，力宏和尚还和我比坐，看谁坐得住、坐得久。当时赢了师父很得意，现在想想，这不过是他老人家慈悲，教学的善巧罢了。

除了汉传净宗和禅宗的修习，力宏和尚还传了我一些密宗的修持法门。比如持咒，让我心念、耳听，做到身结印、口诵真言、意观本尊，即身密、口密、意密，此是三密相应中的“有相三密”。此外还有无相三密，更加玄妙，使人向往。在修行方法上，他告诉我先修气脉，通中脉，然后再把身体空掉。分彻却、妥噶、阿底约噶三个次第，到最后空有不二。妥噶，也有作“托噶”“脱噶”的，都是音译，不影响实义。在大圆满法里，彻却、妥噶，指的是利断和顿超，我这里学习的不同，略近显宗的止观。在持咒方面，特殊的是主张金刚持，随着呼吸持咒，念咒的同时修拙火定，即修丹田。持咒时随着呼吸把念头拴在自鼻到脐轮这一条线上，绵绵密密地持，在这个基础上可以修拙火定，这是密宗六种成就法之基本修法，也是修气脉最主要之瑜伽。说来也奇怪，自从皈依之后，我的身体和精神竟然一日一日地好起来了，再加上对佛法和功法的不断修习，身体越来越健旺。是应了算命先生的说法还是别的缘由，不是我所能知道的，只觉得人生因缘不可思议。

既然说到了力宏和尚对崇善寺的复兴，不妨多说几句。他对省内古寺庙，如五台山广济茅蓬、北山寺、高平金峰寺、南大寺、赵城兴唐寺、晋城青莲寺、广灵小方壶等，都曾募资修葺过，做了不少保护和恢复的工作。他本人是禅宗的法脉，在北京接的法，具体哪个老和尚我记不清了，然后他本人也修净土宗。民国九年（1920 年）秋，日本人常盘大定在中国考察中国佛教，说起日本净土宗的祖庭，力宏老和尚便带着他在交城考察、考证并找到了玄中寺。当时玄中寺已经是一片废墟，附近的乡民只知道叫石壁寺，并不知道原来具体是干什么的，谁在那里住持过。力宏老和尚早年便留心过这个破败的寺庙，所以常盘大定和力宏和尚找到那儿后，根据残破的碑文确定那里就是常盘大定要寻觅的净土祖庭，昙鸾、道绰、善导等大师都在那里弘扬过净土宗。从此开创了日本佛子朝礼净土祖庭玄中寺之先河。玄中寺的确认和后来的兴复，实在是功德无量。由于这件事情，力宏和尚在日本佛教界也很出名。比如日军侵占太原后，把海子边市佛教会改为“东本愿寺”，住入了很多日本僧众，日寇将殿内万斤铜佛砸碎制造武器。为维护国家和中国佛教的尊严，力宏和尚在举办纪念昙鸾法会后，在崇善寺主持活动，向日本军方抗议，得到中国和日本僧众的支援。日寇迫于情势，只得赔款重塑了佛像。事关国体，闾巷为之振奋。甚至近年修复的蒙山大佛，据说也是力宏和尚的孙子根据他的笔记找到的。包括他的师弟力空和尚主持洪洞广胜寺时力保赵城金藏的伟绩，背后也是力宏老和尚出的主意。这套金藏最后让八路军护送到延安，才得以保全。所以，力宏老和尚对山西佛教的贡献是特别大的。很多事情都记录在他的日记和与人来往的信件里，有兴趣的话你们可以查证，此处不再多说了。

详推用意终何在

——太原府的太极拳

武学启蒙：霍宝珊先生

十二岁那年，父亲给我找了一位武师，想让我练练武，把身体锻炼好。现在回想起来，我人生中好多重要的事情都发生在十二岁那年，而我的人生也确实在那年发生了许多转变。父亲当时为我找的这个师父叫霍宝珊，字玉清，河南怀庆府人氏，精通十路少林拳，家传的一、二、三路，源出少林寺。认识霍先生后，武学的殿堂从此便为我开了一扇门，穷尽我此生都钻仰不尽。

我对霍先生的印象很深，五六十岁的样子，个子不高，一身半旧的长衫，宽厚的肩膀，半秃的头，额头很宽，脑门饱满，长长的眉毛搭在眼皮上，眼睛像黑宝石一样闪着光。胡子不多，但修剪得很整齐，显得精干硬朗。霍先生人特别好，说话不紧不慢，非常平和安静，也特别喜欢孩子。我和霍先生学习的那几年，从没听他大声说过话，从不疾言厉色。当时霍先生是教家馆，家里专门雇了洋车接送先生，把先生从他的寓所直接拉到桥头街我的家里。每个月给霍先生的课资是固定的，据说是二十块大洋，抗战的时候阎锡山拿一块大洋到县城里面都找不开，一块大洋就算是大钱了。

霍先生很准时，从来都是早晨一大早就到我家了。我自小爱睡懒觉，很多时候霍先生来了我还在赖床，霍先生就把手伸进我被子里头，把我闹醒。冬天的时候，还会故意把手弄得冰凉，伸进我被窝把我抓醒。一边抓我，一边用官话说："还睡觉哩？快起来练功！"带着浓重的河南口音。这个情景，我到九十多岁了还时常想起，一个老人每天亲自上门教我这个不成器的孩子，实在是惭愧。

把我弄醒后，他就脱掉长衫，搭在窗前的衣架上。脱掉长衫之后，他里面穿件长袖的单布衫，老蓝长裤，细布白袜，牛皮靸鞋，裹脚束腿，腰里缠着他成名和防身的兵器。他还擅长绳锤，就是常说的流星链子锤，寻丈之内能够击碎砖石，用力之巧、准、狠，我平生罕见。比如给我示范的时候，或在院中立一块砖头，或者放个酒坛子，他一手抽着烟袋，一手持镖，啪地抖出去，砖或坛子应声而碎，不烦二击。另外，在他腰带上别着一个长柄的烟袋。每次我都好奇，长衫下竟然还能藏这些东西。等我起床洗漱的时候，他便从腰里拿出烟袋，坐在炕头的椅子上，吧嗒吧嗒地抽旱烟，下巴上那撮胡子跟着一撅一撅的，很有意思。他每次都坐得端端正正的，一只手拿着烟袋，一只手放在腿上，不倚不靠。他一生尊礼守度，再热的天也没见他露过胳膊膀子，手腕都很少露出来过。他这样的举止仪态深深地影响了我，直到现在这个年纪，垂垂老矣，我也没怎么穿过短袖。即便是三伏天练功，我也会着长裤长袖。跟朋友晚辈见面，我也是端坐应对。实在坐不住，宁愿谢客休息，也绝不倚斜对人，可以说这些都是霍先生的身教。等我洗漱好了，他便熄了烟，把烟斗往炕桌上一搁，起身到院子里去，等着我一起练，从来不会只坐在那里看我练。

霍先生是个了不起的人，教人肯下力气和心思，从不保留。我学习的时候，他首先教的就是他家传的十路少林拳。个把小时教完我一些动作，在我家吃个早饭，车夫就把他送到山西国术促进会去了，当时他在那里做少林门的教习。

这套少林拳让我获益匪浅，身体素质很快就改善了。直到 20 世纪七八十年代以后，通过和武术界朋友的接触，包括看电视或一些专门的武术书报杂志，发现很多人练的和杂志上刊登的少林拳，都和霍先生教的不一样。后来我也亲自去过少林寺，看见僧人们练的和霍先生的也不一样。霍先生这套拳更简古朴实，也更凌厉实用一些。20 世纪 80 年代以后，布学宽先生的儿子布华轩在太原成立了晋阳形意拳社，当时因为年轻人嫌形意拳动作太单调，五行拳来回就那么几下，不喜欢练。布华轩就请我过去教少林拳，我教的就是霍先生的十路少林拳，里面有很多实用的手法，不知道当时教的那些学生还练不练了。

郭万龙（前排左一）、张春波（前排左二）、靳甲仙（前排左三）、宋登（前排右三）、安慰（前排右一）、布华轩（后排左一）

我的身体从那会儿就慢慢好起来了，父亲很高兴，霍先生也很高兴。等十路少林拳学完，有点基础后，霍先生就开始教我王新午的太极拳和岳氏八翻手。我很喜欢八翻手，因此在八翻手上下的功夫是最深的，思考钻研也是最多的。八翻手主要是捉拿捆打，十字找劲，找人的十字交叉，比如第二路的扑面掌接齐眉捶，就是一个明显的例子。八翻手关键是一个捋手，有了捋手以后，其他动作都好用，捋手是最关键的，头一下必须逮到对方的手和肘。对方不出手便引他出手，一旦对方出手，便要吃住他。不要抓倒或者抓下来，必须顺着对方的劲，吃住对方，同时两手回护，捋前手防后手，里圈外圈都好使，不要生拉硬拽。一手变两手，两手变三手，三手变四手，次第跟进，四个动作一组，其实就是一个组合拳，是招法的组合。另外，捋手不是直接捋，而是带着螺旋劲走弧线，把对方拱起来之后再往下捋。在捋手之前的护肩掌呢，两个手交叉之后画圈，后手接对方前手的梢节，前手接对方的中节，后手找对方的根节，整体跟进，速度很快。接前拳的时候防后拳，走外门的时候马上能变到里门，在圈里变化，在根节中节梢节上变化，不是现在人们练的那种简单的一抓。仙人掌舵，在这个基础上画弧，变捋手往下，一捋就进，拿、打、摔都可以。腿法也在里面，暗腿、钩腿、踢腿、挂腿、踩腿、踹腿，非常实用。不过，八翻手传到现在已经变了味，比如第一路的领手，练成颠捶就完全变了。并且现在有上八翻、中八翻、下八翻的说法，实在是费解，传统上没这些。最早的就是上八翻，中八翻和下八翻是后来人编的，很多地方并不精彩，也没必要。

总之，八翻手很实用，是长功夫练气力最快的拳术。练头一趟的时候多马步，那会儿练功通常穿靸鞋，靸鞋前面钉有牛皮，因为我用功多，练得院子里头砖地上留下一道壕。因为天天练八翻手，身体一天比一天强壮，也更结实了，霍先生就教了我一些辅助的硬功功法。我虽然是个文人，但到了九十多岁还有胸肌、腹肌、肱二头肌呢，这都得益于当时的一些硬功。所以我教学生，通常主张他们也练点儿硬的。

霍先生教的功法很多，我常练的是千斤把：拧筷子和卷砖头。拧筷子就是把几十只筷子绑成一捆，然后拧，正反拧转。卷砖头就是拿上木棍，木棍上系麻绳，麻绳上吊几块砖，双手抓住木棍正着卷起来，倒着放下去，再卷起来，再放下去。不要小看这些小功法，对于练臂力、拧裹力、抓力等很有效果，至少锻炼筋骨，运行气血，有益身心。随着身体一天比一天强壮，我的性格也明显开朗了。霍先生说八翻手实战性能非常优越，于是我的胆气也健旺起来，不像以前那样文弱畏惧了。

在和霍先生学习的这三四年中，我对他很依赖也很崇拜，他客居异乡，子弟家人都不在身边，因此也格外疼爱我，喜欢与我接近，把我当作子侄一样。20 世纪 40 年代的一天，他收到一封信，说他儿子在东北抗联抗日，他二话不说，收拾行李就去了东北，临走我俩也没见到面。再后来听说他儿子被日寇杀害，霍先生以垂暮之年入伍与日寇周旋。那时我时常收到他的信件，但是却没有回复地址，可见是居无定所的。1951 年，霍先生在东北去世。霍先生一生飘零，晚景凄凉，最终魂寄异乡，无人纪念，让人叹息不尽。

王新午

和霍先生熟悉之后，有一次在他抽烟的时候，我趁机问了一个我觉得好奇的问题："您是河南人，为什么来太原呢？在河南不可以教拳生活吗？"

霍先生抬起脚，在脚底敲敲烟斗，给我讲了一些他的经历和谋生的艰辛。通过他的介绍，我对当时太原、山西乃至全国武林界的情况有了一个大概的了解，如同一个隐藏的世界向我敞开了大门。

据霍先生介绍，晚清民国的太原是当时的"拳窝"，各门各派的武术名家都荟萃于太原，成立了各种武术机构。比如有 20 世纪 20 年代成立的精武社、太原国术操练场，30 年代阎锡山政府主导成立的山西国术促进会、河边国术馆，等等。另外，阎锡山卫队还成立了技术组，专门研究各派拳术的实战技术。国民师范的张荫梧也延请了许多著名的武术高手教拳。这些组织，尤其是山西国术促进会的成立，对山西乃至全国的武术界都影响甚大。武术高手汇集切磋、各门派碰撞交流、不同拳术吸收融合的奇观，造就了许多武术新秀，也成就了诸多武林前辈的传奇，成为当时武林的一片乐土。一时间，南北高手名家无不向往，霍先生本人便是被这样的风气吸引来的。比如民国元年（1912 年）成立的精武社，由阎锡山督军府中将副长官李德懋兼任社长，该社招收了具有小学文化程度的青年两百余人，并聘请全国武术名手、军事院校的教习出任教官教导这些青年。后来，他们一部分被培养成了阎锡山的警卫人才，一部分被分配到部队担任武术教官，培养了更多的战士。民国九年（1920 年），山西部队大整编，精武社被改为“技术队”，仍由李德懋兼任队长，专门为军队研究和创编实战型的武术技巧。山西国术促进会在民国二十一年（1932 年）成立，旧址在上官巷，当时的山西农桑局院内。现在路过也没留意，似乎当时的院落和遗址都没了。

山西国术促进会的副会长是王新午（1901—1964）。王新午是山西汾阳人，幼年除攻读诗书外，便跟随他的伯父学中医。王新午当时是阎锡山的军官，由于精通中医，也给阎锡山看病，据说和阎关系很好。当时国术促进会有个要求，凡是在太原市教拳、教武术的，必须参加这个促进会，等于是个官方的组织吧，强制性加入，并且还要给王新午递帖子。如果你不加入、不递帖子，就不允许你教场子，不允许你练拳。所以当时太原市所有想要教拳的人，都给王新午递了帖子。本省著名的拳师如申子荣、刘玉明、溥应麟、梁春华、王锦泉、张安泰等，都递了帖子，执弟子礼。促进会下头设的是少林、太极、形意、八卦和长拳五个门，然后聘请各家高手作为各科的老师进行教学。当时教拳的地方在杏花岭，有专门的演武场和训练设施，汇集了各派练功的器械和训练方法，非常齐全先进。这种强制性的武术运动，或许是像宣传的那样，要融合天下武林，合为一家；也或许是阎锡山政府笼络武林异能之士为他所用的手段，但不管是公心还是私心，这场“运动”确实把各派武术和名家拢在了一起，研发出来许多拳术套路和实战性能超强的军体武术。比如

20世纪20年代，“技术队”队长李德懋在许多武师的协助下完善了八法拳、八法枪、八法刀等，经格斗检验之后，立刻在教学推广中进行试验和改进，一旦成形，便会向卫队和军队推广，所以当时阎锡山的卫队应该是实战能力超强的。像原先在阎锡山卫队服役的许有德老英雄，将近百岁之人，依然矍铄康健，拳术上也融会群豪，自成一家，与专深于一门一家的武林同道不同。同时，通过这场“运动”，当时的民间教拳也规范化了，不再允许民间私自教拳，而是统一地把大家组织在一块儿，整合武术精粹，也是个好事情。这场“运动”，将武术的精髓一下子在全体军民中推广开来，使许多青年人都可以学到一派长技，让武术在山西的群众基础变得更好，并影响至今。在实战总结的同时，促进会还创办了《国术体育旬刊》，进行理论总结和宣传，两者相辅相成，影响很大。

王新午主要练八翻手和太极拳，所以着力推广这两个拳种，而又以太极拳的传人最多，影响也大。他的八翻手是和纪子修学的。纪子修是满洲正白旗人，满姓吴札拉氏，生于道光二十五年（1845年），逝于民国十一年（1922年）。纪子修个性直爽，自小痴迷武技，年少时，曾学习弹腿和花拳，身手矫捷胜过常人。同治四年（1865年），纪子修年值弱冠，入清廷护军营当卫士。当时雄县名家刘仕俊设教北京，兼在护驾军神机营担任教官，纪子修便向刘仕俊学了岳氏八翻手。同治六年（1867年），纪子修又从杨露禅学习太极十三式，勤练不辍，遂将太极拳之绵柔与岳氏散手之刚整融为一体，刚柔并济，“习之九年，技乃大成”。除了拳之外，纪子修更深得大枪术之堂奥，拳技散手无一不能，终成为一代名家。

“八翻手”前面之所以冠上“岳氏”二字，据说是因为此拳为宋代民族英雄岳飞岳武穆所传。岳氏八翻手，当时也叫岳氏散手、岳氏连拳，也有叫鹰爪连拳的，但是容易和鹰爪翻子拳弄混，所以后来用这个称呼的人比较少，我也不主张用这个名字。八翻手原来没有很系统的套路，纪子修进行了整理，总共八趟，一趟叫一翻，每趟或者每翻八手，共八八六十四手。后来大枪刘德宽创编了八卦的八八六十四掌，就有人把岳氏八翻手的六十四手叫作“阳八手”，八卦六十四掌叫作“阴八手”。

太极拳名家王新午画像（阎子龙绘）

王新午向纪子修先生学的就是系统的岳氏八翻手和太极拳。同时，在太极拳方面，王新午还向吴鉴泉先生学过，也和杨健侯先生的高足许禹生学过。具体地说是学式于吴鉴泉，讲劲于许禹生。对了，还向宋书铭学过。宋书铭是袁世凯的幕宾，自称张三丰的高足宋远桥的十七世孙，擅长宋远桥所传之太极拳，拳无专名，号为“三世七”，因共三十七式而得名，又名长拳。三世七拳式与杨式太极的十三式大同小异，然颇偏重单式练习。推手法与杨式亦略相同，然而杨露禅所传推手法，重心多在前足，而宋书铭所传之推手法，重心多在后足，微有不同。王新午的太极拳里面有吴式、杨式、宋家的，等于集各家之长，动作招劲细腻，快慢相兼，开合鼓荡，风格独特。尤其是继承了纪子修将太极拳与岳氏八翻手结合的方法，更进一步将所学各家太极拳与岳氏八翻手的拆手应用巧妙结合，并纳入岳氏八翻手上、中、下三路散手中进行应用。由于在应用上结合了八翻手，所以出现了一些比较特殊的手法，丰富了太极散手招劲之妙用。势招多于用法，拆手单练左右互易，进而用劲连劲于套路动作练习中。太极拳、岳氏八翻散手合一，真正显示了王新午太极拳鲜明的实用特点。尤其是导气引劲，开合鼓荡，在拳势练功和应用中，松柔而不失刚疾，内动外连，绵密不断，身心合一，独具特色，深得太极拳技击健身之奥秘，后来称为王新午太极拳。另外，在理论方面，王新午早在民国二十八年（1939 年）就著有《太极拳阐宗》一书，新中国成立后又写成《太极拳法实践》一书，对太极拳的理论和实战都有着重要的总结和论述。

以上这些就是当时的背景。霍宝珊先生虽然说是被动地向王新午递了帖子，被动地跟王新午学了岳氏八翻手和太极拳，但是他打心眼儿里认可和佩服王新午，不止一次和我说王新午是一个武学奇才。所以在我学完他家传的十路少林拳之后，他便把王新午太极拳和岳氏八翻手也转授给我，与亲学于王先生无异。当时我学这些的时候，王新午正当盛年，是他武学和技击的一个高峰期，我十分兴奋。霍先生教得严格，我学得也认真。有几次跟随霍先生去山西国术促进会，霍先生还命我演练。若王新午先生在场的话，就会安静地看着，等我练完，一边抬手推推鼻梁上的圆框眼镜，一边对旁边的学员说："比你们肯下功夫。"

我晚年的时候也拜读过一些关于岳氏八翻手的著作，虽然高见很多，但与我早年所学已经颇不相同。岳氏八翻手讲究庄重整肃，身法中正，劲路才能整。现在看到的许多身法不很中正，可能是为了追求身法的变化，故意往前趴着身子、撅着屁股，有点太刻意、太夸张。身法虽然要上下起伏，但是不能太刻意地追求起伏而失去中正，更不能轻浮花哨，仍然要用力均匀、沉稳，整整齐齐，不要忽快忽慢。

20 世纪 80 年代，对武术进行挖掘整理时，我还专门整理过王新午太极拳，后来提供给了董荣生，由董荣生进一步整理出来进行传播。

当时山西国术促进会有几个科，叫门。其中一门是少林门，以传授长拳为主，总共有三四个教员，霍宝珊先生是当时的教员之一。当时少林门的主任是董秀升，董秀升以形意拳为主，但因为他练的是南少林五行柔术，便被聘任在少林门了。

因为霍先生的缘故，我也常去山西国术促进会，并多次见到王新午先生本人。当时我还小，没什么阅历，识人的眼力也不很够，对王新午先生直观的印象是：有功夫，很自信，有些霸道，但这种自信和霸道又让我觉得很好、很崇拜。一直到 20 世纪 60 年代，我的太极拳练的都是王新午的。王新午本人又会中医，对拳术的研究很透彻，经络上的研究也很深。他的推手相当了得，一发人一丈多远，不是现在表演的功夫。霍先生给我讲过一件事情，说有一年有个老道从大同那边来，也是练拳的，梳着高高的发髻，非常有神采，要和王新午推手。王先生同意了，大家就到了院子里。过去房子飞檐上有椽子伸出，王先生把老道一发，发髻便挂到椽子上去了。可见他本身确实有大功夫，不是欺世盗名的人。

王新午还有一个贡献，就是在当时的条件下，通过对文献的整理和实地的勘察，证明了张三丰是太极拳的祖师。因为略微接触过太极拳的人都知道，太极是动静之机、阴阳之母，概括了中国的哲学、医学，乃至儒释道三家之全部精华，理论上是至高无上的，也是无懈可击的。而太极拳的祖师是谁呢？民国时期的武术界，包括我的师友在内，都一致认为是张三丰，这是很少有异议的，不像现在谁都可以杜撰出一个源流和“祖师”。但从文献和实地上，还没有人系统整理过，在学理上还是有些缺憾。王新午先生在太原的时候，专门到太原西山南峪考证过。后来，王先生通过师友口说，再加上对古籍、地方志等文献的考证，在晋祠南峪村找到了张三丰的墓。他在访问村子的时候，村里的人都指认说是张三丰的墓，还把张三丰叫作“邋遢师父”。村里人说，十几年前张三丰的肉身还在呢，就在几年前，村里头有个傻子把张三丰的肉身敲碎了。王先生到的时候，村里土崖下砖券的墓穴还在，虚封着，打开后钻进洞里面看，只见骨头散落了一地。现在我们再去，就只剩下一个空墓穴和一尊明末塑的张三丰的塑像。从道教的角度说，地仙以上的神仙，可以到处显现，生生世世游戏人间。别的文献上说张三丰死了，可是《太原县志》明确记载，明朝嘉靖年间张三丰在太原，说张三丰先生是辽东懿州人，在太原南峪村住，到处给人看病，有很多神奇的传说和故事。比如在这个村子遇见张三丰先生了，到相隔很远的另一个村也能遇到，周围的人都以为是神迹。多年后有一天，人们好久不见他出门，上去看的时候，他坐在那儿已经没有呼吸了。人们就券了个窑把他封在里面。若干年以后，一个太原人到陕西做买卖又碰见了他，还是那个样子。道教讲这是地仙在人间游戏，我们常人是不能理解的。

除了地方志、窑洞、墓穴等方面，王新午先生还研究文献对张三丰进行考证，他认定张三丰就是太极拳祖师。他在著作《太极拳法实践》的序言里说，“清人文献记载：元季明初，有武当道士张三丰，精于少林，复从而翻之，能以静制动，名曰内家，相传即今之太极拳，世遂以武当派称之”，又说，“前述之太极拳，传自元季明初之张三丰，言武者多知之”。

当时霍先生和我接触的前辈、山西国术促进会的学员都很佩服王新午先生，我自然也对他很是尊敬。不过后来霍先生离开太原远赴东北后，我开始和辛元先生学习形意拳。在和辛元先生学习的那段时间里，我从另外一个角度认识了王新午先生。在山西国术促进会成立的时候，全太原市的拳师都给王新午先生递了帖子，太原城里边唯独辛先生一个人不低头，不递帖子，王新午也无可奈何。这段故事等我说到和辛先生学习形意拳的时候可以简单聊一聊。

刘东汉和张钦霖的太极拳

太原原来没有练太极拳的，民国时期才传进来。最早把太极拳带来的，除了山西国术促进会的王新午先生，还有刘东汉先生。两人谁先把太极拳带来太原的，这个现在不好说，我没有更精确的资料。太原国术促进会在 20 世纪 20 年代就有了，而刘东汉先生第二次来太原是民国二十三年（1934 年），四月十五日路过榆次的时候，门弟子欢迎并留影纪念，这张照片至今仍存，照片题字为："民国二十三年四月十五日，太极拳术专家刘老夫子东汉经榆，众门弟子欢迎留影纪念。"据此推论，刘先生第一次来太原应该是更早的时候。根据张钦霖的传记，张是在民国十四年（1925 年）来太原的。张氏来太原是因为刘东汉先生的缘故，那么刘先生第一次来太原的时间，至少是张氏来的同一年的前几个月，或者前一两年，估计与太原国术促进会成立的时间差不多。在太原国术促进会中，王新午和刘东汉两位先生应当是有交集的。

刘东汉先生，名秋得，字景西，号老景，河北邢台任县大北东村人，刘瀛洲之子。十四岁随父亲在保定的镖局习武，后在其父刘瀛洲的推荐下拜杨露禅的嫡长孙杨兆林为师，学习杨式太极拳，又得武式太极名家郝为真指点，颇得真传。同时，镖行还有其要好的师弟，如张紫绶、张钦霖等。后因镖局歇业，刘东汉辗转来了太原，张紫绶回了北京老家，张钦霖回了邢台。因为刘先生的缘故，张钦霖后来也来到太原经商，并收徒传艺，培养了不少人才。刘东汉刚来到太原时，住在校尉营，以行医维持生活，主要是针灸接骨，其间还传授太极拳和三皇炮捶，比较有名的徒弟有河北邢台人曹珂、山西榆次人曹中山、稷山人葛书元、阳曲人刘毅，还有说书的狄来珍。

太极拳名家刘东汉画像（阎子龙绘）

因为当时山西很少有人练太极拳和炮捶，山西国术促进会王先生他们传太极拳主要集中在军队和一些特定的人群，而刘东汉来太原以后，社会上的人才开始有了太极拳的传授。加上刘东汉是杨兆林的徒弟，是杨氏的嫡传，一下子就受到了追捧。刘先生确实对山西太极拳影响很大，以至于后来多少年太原练太极拳者都坚持一个习惯：练太极拳就必须练炮捶。后来他的师兄弟张钦霖到太原后，徒弟门人又多了许多，刘先生的影响力和势力大涨，更是如虎添翼。不知道是确实有点得意，还是别人放出来的流言，说刘东汉放出话："我跺一跺脚，就把你们太原的地抖一抖。"

这把许多太原的拳师都得罪了，但他们要么是生闷气，要么就只是逗逗嘴皮子罢了，没人敢找刘东汉动手。辛元先生听着就上火，说这是明目张胆欺负本地人。辛先生是老同盟会员，又是山西响应孙中山辛亥革命的元老，参加过大同、太原等地的反清起义，生死场里摸爬滚打过的人，好斗，讲义气，谁也不服，身上全是刀疤，他打过不少当时的名家。在当时，我还没有跟辛先生学形意拳，这些是拜在辛先生门下后师兄弟们给我讲的。辛先生听到刘东汉那么讲，就和徒弟们说："打他去！"

他的那些徒弟都年轻气盛，也跟着起哄。

辛先生派我的大师兄张鸿亮带着人去了刘东汉先生的家里。在刘先生家的院子里便开始高声喊叫："谁是刘东汉，给老子滚出来！"

刘先生当时正在自己家里吸料子，就是大烟，不知道有没有听到外面的喊叫，反正没动静。张鸿亮他们看刘东汉先生没吭气，就更来劲了，直接跑到屋子里头，看见刘东汉在炕上躺着吸料子。刘东汉抬头看到有人进来，还气势汹汹的，就放下烟枪，把虎头钩从墙上拿了下来，放在炕沿上，起身下炕穿鞋，看意思是要下床来和他们动手。就在他提鞋的工夫，身形还没站稳当，张鸿亮冲上去一拳把刘先生放了出去，刘先生一屁股坐在了门槛上。这是回忆几十年前的事情，老实讲这是偷袭，不能就此断言张鸿亮师兄功夫高、刘东汉先生功夫低。因为趁人家没穿稳鞋的功夫就给人一拳，实在不太公平。但在当时，看到刘先生跌在地上，这群年轻人吆吆喝喝一哄而散，出去就说“把刘东汉给打了，太极拳不能打人”如何如何。刘先生脸上挂不住，没过多久，就收拾收拾回河北老家了，是带着张钦霖一起走的。

民国二十年（1931 年），李德懋随阎锡山自大连返回山西，路过北京时，聘请了会友镖局的三皇炮捶名师于鉴先生担任阎锡山警卫部队的武术教师。隔了三年，民国二十三年（1934 年），又聘请了太极拳名师葛书元担任阎锡山督军府警卫部队的武术教师。葛书元在督军府当了武术教师，曹珂在孙楚的部队当了教官，孙楚是阎锡山最倚重的八大高干之一。葛书元和曹珂都是刘东汉先生的得意弟子，刘先生在河北邢台老家听到这个消息后，觉得徒弟们有出息，自己也能在太原站住脚跟，才第二次回到太原。这次回来，张钦霖也一起来了。这次重返太原，刘先生住在铁匠巷，主要以授徒为生，影响比第一次来更大。在重返太原的第二年，也就是民国二十四年（1935 年），山西两百多名弟子共同为其制作了“武术超群”的金字匾额以为欢迎，风光一时。

日本人侵占太原之前，太原市的武术表演都在杏花岭，即现在的进山中学或者叫六中附近。杏花岭原来是明代晋王府的花园，地处晋王府城内东南隅，杏树多，因此就叫杏花岭。明亡后，杏花岭也逐渐荒芜。直至清中叶之后，才又被开发重建，古老的杏树、榆树成林，成为太原城中的一片公共林地。光绪二十八年（1902 年）前后，山西农林学院将杏花岭作为农林试验场进行垦殖，栽培新的苗木。民国八年（1919 年）以后，阎锡山的军队常在这里训练演习。每逢仲春之际，绿满坡岭，树戴杏花，碧空白云，花香喷涌，恍然一个洞天玉府。徘徊在杏花天影之下，恰似古代词人构建的暗香流动、疏影横斜的美学世界，是一块好地方。所以阎锡山政府的许多要员都住在杏花岭附近，比如阎锡山的一个军长杨爱源，就在杏花岭后头住，阎锡山自己家也在那一带。由于军队需要及个人安保工作的需要，阎锡山十分重视武术。所以当时的武术表演很多，尚武之风很盛。当时许多大的活动，比如赈灾义演、抗战讲演，都会组织表演会，请著名的武术家来表演。慢慢地，太原练拳好武的人都集中到杏花岭附近，学拳的、教拳的、单纯讨生活的或者开武馆的，不一而足，各有各的场子，各有各的门路。

刘东汉和师兄弟张钦霖当时也教拳，也有场子。他们表演的时候有个特点，我第一次见到就很受触动。特点是什么呢？就是他们师兄弟在登台表演的时候，不像一般练拳者那样穿着短褂，露肩露背，一股子粗鲁气息。他们不穿短褂，而是穿着长衫，挂着怀表，头戴礼帽，上场脱帽微微鞠躬，不像其他武师那样抱拳行礼。等演练开了，也不像别的练拳者上蹿下跳、左冲右突，一会儿翻筋斗、一会儿腾空踢打，而是松紧合拍，张弛有度，绵绵密密，如行云流水一般。这让我印象很深，颠覆了我对太极拳的认知，对练太极拳的人也抱有了极大的好感，也因此，我把太极拳叫作文明拳。把这些感受说给霍先生听的时候，霍先生还笑我，说我到底是个读书人，练武也讲求个美、讲求个礼。嘲笑归嘲笑，霍先生后来也说，练武虽然表面上是武夫的事情，但实则是文化人的事情，练武的人也要讲求文化，没文化是练不好的。单说骨骼、经络、气脉、技击原理，哪个不是专门的学问？没有文化，“武”只是“术”，不能称其为“武学”，更说不到“德”“道”的层面，否则，关夫子和一般街头卖艺的有什么区别？反过来讲，文人也不可以纯从文事，也要学点武术，了解点武学的精神，一则体魄强健，二则精神强健。总之，文武之道，不可偏废。这些话，我是深以为然的。

说到张钦霖，民国出名的张钦霖有两个，一个是上面提过的武术界的张钦霖，另外一个是报人张钦霖，出版行业的，也写过一些武侠小说。武术界的张钦霖和刘东汉要好，是师兄弟，学的都是杨家的东西，但不是同一个老师。刘东汉先生跟的是杨兆林，后来得到武式太极名家郝为真的指点。张钦霖是河北省邢台任县大石头庄人，光绪三十二年（1906年）他才十岁，就在杨健侯北京家中做佣工，也跟着杨家人学点太极拳，谁也没对他太留意。民国三年（1914年），他也不过十八岁。当时南方有个比较出名的拳师到杨家挑战杨澄甫，张钦霖在旁边看不下去了，就和这位南方武师动起手来，一交手就制住了对方，在场的人无不惊讶意

太极拳名家张钦霖画像（阎子龙绘）

外。这次事件之后，张钦霖就被杨家重点关注了，杨澄甫开始亲自教授，甚至杨澄甫的父亲杨健侯也认为他是可造之才，还亲自指点，张钦霖逐渐成长为杨澄甫最能打的一个徒弟。后来张钦霖还跟道家和金丹派的左一峰先生学过内功，如吐纳导引之术，对他影响很大，也都被他用到太极拳里。张钦霖在太原待了好长时间，教了不少徒弟，像当时的胡耀贞、王善文、李云龙、刘志亮、王延年等人，都先后拜到他门下，包括后来去台湾的郑曼青也是和张钦霖学的。改革开放后，听说张钦霖的杨式太极拳风行台湾，在台北、台南、高雄等城市都有传人。后来还传到了英、美等国，杨家的东西传播到了海外，也是了不起。

我对张钦霖印象比较深，原因是张有一个大肚子。张钦霖的肚子在当时是出了名的棉花肚。我亲眼见过，别人一拳打在他肚子上，硬是拔不出来，被吸住了。然后张钦霖还是面不改色，趁对方不注意，一发劲就把人弹出去了。有这么个功夫，当时看得我目瞪口呆。

日本人占领太原以后，在杏花岭大肆砍伐数百年的古木，修建了什么神社，并辟建出一片操场，供日军操演之用，杏花岭又成了日军演习武术的一个中心。日军投降以后，刘东汉也已年老体衰，重病缠身。葛书元先生和刘先生的女儿刘臭妮亲自把他送回了河北邢台，先是住在内丘他女儿家将养，最后由他儿子接回了老家，回到老家后不久便去世了。这是说到王新午先生和山西国术促进会，顺便回忆了当时太原城内太极拳的一些人物和背景，聊备参考吧。刘东汉先生是第一批甚至是第一个来太原教太极拳的人，除了同一时期的王新午先生外，其他就再也没有了。

葛书元的软硬功夫

练太极拳有影响的，再就是葛书元了，字青山，山西省稷山县杨赵村人，孩童时候就喜欢舞弄拳脚。光绪三十三年（1907 年），十三四岁便拜本县武师韩世卿为师学习太极拳，由于自小家庭条件比较困难，十五岁便到太原谋生活，做过很多职业，生活很艰苦。但是葛先生从来不放弃学习的机会，尤其是学文化和武艺。他做过一些杂工，做过学徒，最后学会了篆刻，就在靴巷开了一个刻字的铺面，叫作晋元斋。靴巷离我家也不远，出门顺着桥头街向西，过了钟楼就是按察司，右转的这条南北向的巷子就是靴巷，入口右手第一家是个绸缎庄，后来倒闭改成了一家日杂商店，第二家便是晋元斋，我都去过。继续向北，东边这一趟有郝盛斋、晋华斋、孟家文具店、福茂斋印刷、王同山笔庄，等等，相邻的和对面的店面，不是经营刻字、印刷，就是卖些纸笔文具。只有两三家店比较各色，一家狐皮店，卖些皮草。另外两家在靴巷最北边，一个理发店，一个烧饼店。现在靴巷还在，两旁的铺面都没了，有一次路过，见还有“书业诚”一个门面挺完整，被政府保护起来了。这是个书店，原来我也常去的。

葛先生在靴巷刻字为生的那段时间里，也和一些武术界的人来往，杂七杂八地学了一些东西。后来刘东汉先生来太原，先是住在钟楼南边的校尉营，不久又搬到了察院后，而察院后就在靴巷后面。刘先生除了经营一些买卖之外还教拳，教太极拳和三皇炮捶。葛先生离得也近，就去跟刘东汉先生学拳，先学的三皇炮捶和其他。葛先生有基础，加上人聪明，肯下功夫，刘先生很是看重他。葛先生虽然没比刘先生小几岁，也就小八九岁的样子，但是对刘先生的功夫非常佩服，所以就给刘先生递了帖子，专门学杨家的太极拳。后来张钦霖来太原找刘东汉先生，也颇喜欢葛先生，给过葛先生不少指点。

在和刘先生学习的时候，葛先生的交际圈大大地提升了一个层次，认识了许多武术界的名流，与他之前混迹市井的时候大不相同。后来他又从大宁堂坐诊先生那里学了傅山拳，又和他的同乡王怀明学了王宗岳太极拳。傅山拳又叫朝阳拳或者傅山太极拳，与王宗岳传的太极拳有很深的渊源，据说都传自张三丰。张三丰祖师的弟子非一，其中有一个叫刘庆的道人保留了一支，在道门传授，后来传到了傅山这里。傅山创办大宁堂之后，太极拳变成了大宁堂坐诊先生世代相传的拳术，并且只传

太极拳名家葛书元画像（阎子龙绘）

弟子，不传子女。大宁堂坐诊先生保持着道家龙门派的宗风，后来加入了一贯道，主张尊道不言师，所以葛先生从学的这位大宁堂坐诊先生姓字名谁我们都无从知晓了。但现在还健在的老英雄许有德师父可以作证，我们这个年纪的人好多都见过大宁堂的这个先生。王宗岳是明万历年间人，他的太极受自张三丰，因为他是新绛人，所以在山西新绛一带传承了下来。王怀明就是新绛人，是当时阎锡山手下的少将，擅长王宗岳太极，结识了同乡葛先生之后，便毫无保留地把拳传给了他。傅山太极拳和王宗岳太极拳虽然同出一源，但经过明末至清代两三百年的传承，在练法上已经有了很大的差异。葛先生学到之后经过苦思苦练，再加上刘东汉先生和张钦霖的指点，很快就自成一家出人头地，被阎锡山聘为武术教师，也成了刘东汉先生晚年的依靠。

葛书元先生的功夫很有特点，练法也很有特点。比如说桩功，特别下功夫，一站就是一个多时辰，这是老太原城里的人都知道的。他软硬功夫都好，开碑裂石，举重若轻，经常兴致上来了就给人露一手。他的硬功得来得也很传奇。他老家是稷山的，隔一段时间便会回去探亲。每次从太原回稷山的时候，都会随身带一个方便铲，肩上搭一个褡裢，装些盘缠干粮。当时没有这么多公路铁路，大多都是些小路，穿山越岭也全靠一双脚。途经灵石的时候会路过韩信岭，上面有韩信墓，不远的地方还有一个庙，庙也不大，不太起眼。葛先生经常路过，也没太留意这个庙。有一次家里捎信，可能有急事，他就着急回稷山。路上赶得紧，该住的地方也不住，该停的地方也不停，走到韩信岭的时候，天已经很晚了，前不着村后不着店，月亮倒是挺好，可也实在没法赶路，突然想起了这个庙，就去投宿。一个和尚开门让他进去，安顿下来。按常理说睡一宿，第二天也就走了。可是葛先生因为心里有事，着急，睡不着，就起来在院子里练拳。正练着呢，那和尚出来了，说："看你拿着兵器来的，果然是个练家子。太极拳练得不错，怕是没啥用。"

葛先生就问："和尚也练？"

和尚说："我不喜欢这种绵软的拳，我练过些硬功。"

俩人后来就试手，一搭手，葛先生发现这和尚功夫不一般，俩人就趁着月光你来我往试了几下。第二天一早，葛先生准备走，和尚说："请多留半天，咱们好好试试。"

练武的谁没个好胜好学的心呢，葛先生就放下褡裢和这个和尚动起手来，这次比头天晚上又不同，相持了很长一段时间，不过最后到底是葛先生高明一些，彻底把和尚放展了，和尚很佩服葛先生，说："头一回见识太极拳这么管用。"

葛先生也很佩服这个和尚，说："硬功的作用也见识到了。"

俩人就约好，等葛先生料理完老家的事，返程的时候还来庙里，相互换换艺。你教我太极拳，我教你硬功。

就这样，葛先生学到了一些硬功功法，像是铁砂掌、鹰爪功，后来还学了在太原传承的五毒垒塔四重合形大法，道门的功夫。这些硬功，无外乎练臂力、掌力、指力，常见的就是抓坛子。葛先生抓坛子有些小窍门，先是抓空坛子，隔一段时间指力增加了，就往坛子里灌上水，再往后就是往坛子里灌上泥。专练硬功很容易练出问题来，葛先生学到之后，因为他是内家拳的行家，所以在功法上稍微做了一些调整，趋利避害，既增加功夫，又不受伤害。比如练铁砂掌，葛先生的方法是打铁砂的时候不用力拍打，而是靠自然的惯性往下打，一点儿拙力都不用。手法上拍、摔、切、啄、印，慢慢拍，慢慢练，循序渐进，一天增加一下，一天增加两下，日久见功夫。不着急冒进，反而上功夫很快。再加上他也懂医术，自己配上药，练完就洗手，手保护得很好。直到晚年，他的手摸起来还是绵绵的，手心红润，像是孩童的手。那时候我们还小，葛先生故意逗我们，开砖击石，看得我们目瞪口呆，心向往之。因为内家拳的拳师很少表演这些，我们就认为这些硬功比内家拳好，就要学。葛先生不主张学这些，他说："这是江湖人练的，你们想练也行。"又说，"打人和拍砖不是一回事儿，砖石是死的，人却是活的。"

后来想想也是，拍打这些其实增长不了力量，力量无外乎质量加上速度。拍砖石无非是增加了你的抗受力，不怕疼了。如果再加上内功，里头用气护住身体不受伤，吃住那股劲儿，砖也就开了。

在当时那个乱世，人的戒备心很强，很多武行里的人出门都会随身带个家伙。葛先生随身带的“兵器”很独特，是他自己设计的。把一个秤砣抓在手里，像把玩手把件一样，四角磨圆了，揉捏得锃亮。秤砣上拴了一条牛皮绳，在手腕上缠着，走到哪里都带着。一来防身，二来练指力。以前的人练功除了肯下死力之外，都会摸索出一个特别的方法。葛先生练太极拳也有一个独创的小方法，就是在练拳的时候手臂上挂着石锁，一个石锁三十斤，一只胳膊上一个。石锁是葛先生外地的一个徒弟专门给他定制的，很漂亮的石头，许有德师父说是大理石，其实也不太像。他就这样练拳盘架子，所以臂力很强，内功也好。葛先生练内功，不管是坐着练还是站着练，气一沉，腹内都会轰隆隆地响，像雷鸣一样。许有德师父就是和葛先生学的，现在丹田也能这样。葛先生的丹田功以丹田为核心，守住脐内，丹田内转，平圆、立圆交错而用。以意念导引，立圆的，自后而前、自前而后，自左而右、自右而左；平圆的，自左旋、自右旋。都是正反、顺逆交错练习。当然这种练习的前提是已经气沉丹田，丹田得气、内气充盈之后才能练习丹田内转，需要有相当的基础。

正是因为葛先生肯用功，又好学，所以功夫很深，与人交手很少落败。有这么一件事情，当时阎锡山在他老家五台县弄了一个河边国术馆，请葛先生去教拳。阎锡山的一个本家，忘记叫什么了，是前清的武举，挺自负，瞧不上民间练拳的，见葛先生教拳，就上来说：“比比？”

葛先生听见语气不太友好，就说：“文的比呢，武的比？”

这个武举人就说：“怎么讲？”

葛先生说：“武的比，咱们就签个生死文书，抄上趁手兵器见个高下。文的比，咱就搭搭手。”

旁边人知道葛先生的脾气，又有血性，就劝阻说：“文的比就行，文的比就行。”

结果这武举人一抬手就被葛先生摁在地上，再起身，又是被摁在地上。就这样，连搭上手的机会都没有，这才服气，说：“不比了，不比了，向先生认输。”

葛先生就是这脾气，到晚年还是这样，都下不了炕了，坐在炕上也和人推手。凡是不服的弟子访客，搭手就放出去，这都是我常见的。葛先生一生用功练太极拳，散手推手都好。新中国成立前我还年轻，与葛先生一辈的人虽然常见到，但没有交往。新中国成立后，尤其是在五六十年代，我工作稳定，才开始和葛先生有了较深的交往。葛先生在靴巷谋生，也在靴巷住，后来去世也是在那里。

孙剑云：拳尽在进退之中

跟随霍宝珊先生学完王新午太极拳，一直到 20 世纪 60 年代，我练的都是王先生这套太极拳。后来机缘巧合，又学了孙式太极拳。在学孙式太极拳之前，这套拳对我来说一直是一个谜，因为这不仅仅是一套拳，还代表着武术的见地和境界，让我一直抱有幻想，想起来就很兴奋。这些情绪源自我对孙禄堂先生的敬仰和神往。对于孙禄堂先生的传奇，我从小就听了许多。后来，孙先生的著作《太极拳学》《形意拳学》《八卦掌学》《拳意述真》等，我都反复拜读过，因此对孙禄堂先生格外崇拜，可惜一直没有机缘学习孙先生的绝学。

民国时期，我在华北大学（中国人民大学的前身）读戏剧科，跟随曹禺、欧阳予倩诸先生学习过戏剧，当时学校还在保定。后来学校迁回北京后，我又去北京大学学习了古汉语和图书管理专业。1949 年 7 月，第一次文代会（中华全国文学艺术工作者代表大会）召开，我也有幸参加，聆听了毛泽东主席和郭沫若同志的讲话，很受鼓舞。当时大会把毛泽东的文艺思想作为新文艺的基本方针，号召文艺工作者为建设新中国的人民文艺而奋斗。我们都很兴奋，一来是因为内忧外患的国情终于结束，新的国家终于建立起来了；二来自己学业刚刚完成，就遇到这样的好时代，也算是生逢其时，自己的才能有了用武之地。

新中国成立后，我被父母叫回山西结婚，先后在山西省文工二团、山西省文化厅艺训班、山西省文化厅艺术处等部门工作。当时北京成立中央舞蹈培训班，华北五省艺术人才被临时集中起来进行戏剧舞蹈培训的时候，我正在山西省文化厅艺术处岗位上，便带着山西艺术队到了北京。领导看我对戏曲和文学都不陌生，所以就让我负责这个培训班，还做了班主任。

安慰先生在北京

在北京，除了工作之外，我每天都会去陶然亭公园锻炼。先练练形意、八卦，然后就练王新午先生的太极拳，每天如是，坚持了一段时间，时间、地点、练功次序都是固定的。开始的时候还是一个人练，过了一段时间发现附近也有练拳的，但我也没想着交流。后来接着几天，每天都会有一个中年女人在旁边笑吟吟地看我练拳，看面相很年轻，短发微卷，戴着一副玳瑁框的眼镜，看我练完就走。

有一天我正练着呢，她又来了，等我练完了不仅没走，还走上来和我聊了几句，问我是哪里人，等等。这是一般性的聊天，我也没太在意。而后她突然又说："你这个形意、八卦练得不错，练得很正宗，看得出是名家调教的。你的太极拳也有功夫，练过不少年头的感觉，不过你不如练练孙式太极拳。王新午的太极拳有很多别的拳法内容，与你的基础不太相应，打不成一片。孙式太极拳是形意、八卦、太极三拳合一的，是最适合你的基础的，你不如练这个。"

我听罢很惊讶，原来是个行家，于是说："孙禄堂先生是我最崇拜佩服的前辈，自小常听师父们说，可惜没有缘分见。他的太极拳自然是高明的，我也很仰慕，很遗憾没有学过，没遇见过精擅此拳的老师。"

然后就聊到孙先生的著作，我还把孙先生最早的拳论和后来的变化做了一个阐述，又背诵了孙禄堂先生《形意拳学》的一些创论。我一边讲，一边叹息。她一边听，一边笑吟吟地点头。等我说完了，她笑着说："我就是孙禄堂先生的女儿。"

我不太相信，就问："你叫啥？"

她说："孙剑云！"

我赶快抱拳作揖："有眼不识泰山了，能见到孙先生女公子。"

孙剑云先生又笑着说："看你年龄不比我小多少，不要这么客气。"

我们互说了一下年龄，孙剑云先生是民国三年（1914 年）生人，比我大了七岁。

孙剑云先生说："我常在陶然亭锻炼，最近突然多了你这个'陌生人'，又练得地道，我就好奇，连着观察你好几天。越看越不像一般的爱好者，今天就这么冒昧地打扰你了。刚才听你说你的形意拳、八卦掌、太极拳的师承，也是大有来历的。你要是真想学孙式太极拳，我就教给你吧。"

我真是求之不得，当下就问孙先生住处，说改天登门去磕头拜师。孙剑云先生摆摆手说："这就不要了。我的功夫德行与家父比起来百不及一，还不能收徒弟，也不敢收徒弟。另外论起班辈，形意门里面是'华邦惟武尚，社会统强宁'十个字，你我都是'惟'字辈，算是平辈。所以你这么学就行了。"

这样的机缘像是天上掉下来的，我一时不知道说什么好，真是见识了大家的风范。从第二天起，我就开始学孙式太极拳了。

当时孙剑云先生虽然教人，但确实还没有收徒。一方面是由于新中国成立后的新风气，旧的仪式被人刻意丢弃了；另一方面，在那个时代，大家都很谨慎，不敢贸然建立这种师徒的关系。到了 20 世纪 80 年代，改革开放以后，孙先生才开门收徒弟。最早跟着孙先生学习的人也是这个时候才递的帖子，比如刘树春等。

在陶然亭公园和孙先生学孙式太极拳的时间不长，也就一年的工夫，但一年时间用来抠一套拳架也足够了。在这一年里，除了在公园里学习套路功法之外，我也会去孙先生家里拜访，讨论些拳理，聊些逸事。我了解到，孙式太极拳老架九十七式是孙禄堂先生从武式太极拳发展来的。孙禄堂先生学武式太极拳也是机缘巧合。孙禄堂先生和杨家的杨澄甫是把兄弟，一开始想学杨家的拳，可是被杨澄甫委婉地拒绝了。孙禄堂先生当时特别想学太极拳，但他并不是为了增强自己的技击水平，就算他不练太极拳，当时也没几个人能打得了他。他是为了融合内家拳，让形意、八卦、太极三拳合一。恰好有一年，武式太极名家郝为真落魄潦倒，准备在北京教拳谋生。到了北京才发现，人们不了解武式太极拳，所以没人吃他这套，他在北京站不住脚。一次和人比武还输了，丢人败兴，就更没人重视他了。等郝为真积蓄用尽，准备回河北老家时，盘缠不够，不巧又染上了痢疾，一下子病倒了。当时没有好的消炎药，得上这种病很容易闹出人命。郝为真身体越来越弱，情形凄苦不堪。孙禄堂先生人很大度，也很爱才，知道这件事后就把郝为真接到家里面调养。病调养好以后，在和孙禄堂聊天谈拳的时候，得知了孙禄堂先生融会三家、自成一术的心愿，郝为真特别感动，就主动提出来要把武式太极拳教给孙先生，并且倾囊相授，毫无保留。于是，孙禄堂便和郝为真学了武式太极拳。孙先生也因此大受感动，从此不再把自己的武学视作私产。直到孙剑云先生这辈，还秉承着孙禄堂先生“不以‘正宗’‘嫡传’而自居，谦和待人；不以家传武功为私有，倾囊授人；不以授武为谋利手段，安贫乐道”的武德。我在跟随孙剑云先生学习孙式太极拳的这段时间，也深切地感受到了这种大家的胸襟和“公天下”的武德与情怀。

学完武式太极拳之后，孙禄堂先生便根据形意、八卦的特点练成了孙式太极拳。他练的这个架子以武式太极拳为基础，加了形意、八卦的东西，糅合得又很巧妙，并不是说一会儿形意，一会儿太极，一会儿八卦，不是机械的拼凑和组合，而是每一个动作都是太极拳，但同时里面又兼有形意、八卦的精华。这就是孙禄堂先生的大创造、大贡献。在此基础上，孙先生写成了著名的《太极拳学》，这本书其实可以算作近代太极拳史上第一部成体系的著作。在此之前没有这样的书，原来叫拳谱，是单篇的论文。

因为崇拜孙禄堂先生，我向孙剑云先生问了很多关于孙禄堂先生的事情。比如“孙禄堂先生是怎么练功的”，孙剑云先生就讲了一些趣事和特别的方法。她说孙禄堂先生练功，不是社会上想的那样，也不是武术界常见的练法。孙禄堂先生常用的几个方法，一个是用牛皮绳拴个磨盘，然后拉着牛皮绳往回拽。拽过来后，把磨盘扔出去，然后再拽回来，反反复复。另外一个就是抖大杆子，通常人举不动的杆子，孙禄堂先生每天要抖一千次。其他的就是练些硬功功法。没有适当的硬功辅助，打不了人。

有一天聊到了孙禄堂先生之死，孙剑云先生叹口气说：“父亲晚年写了好多书，将儒、佛、道三家的学术和拳术结合起来，心性、武德、见地都是极致，但这是他中年以后的进境。他年轻时也好胜好打，把好多北京、天津的武馆都踢了，闹得人家都没有饭吃，结了不少仇家。在父亲晚年的时候，有些仇家开始伺机报复。”

聊了几次之后，大概了解了一些情形。在孙禄堂先生七十岁的时候，仇家到上海找他复仇，孙先生可能有预感或者提前得到了消息，平时出入都很谨慎。有一次，孙剑云先生陪同孙禄堂先生在一个百货大楼参观，人又多又杂，进电梯间的时候，孙禄堂先生看到有一个人神色不对，但也没太在意。进了电梯间后，那人就挤到了孙禄堂先生身后，下了重手，点了他的穴，就在肺俞附近。孙先生被点之后，回头看了看那人，没动声色，拉着孙剑云先生提前回家，说是累了。到家之后，孙先生让孙剑云先生把门窗都关上，拿了个痰盂放在面前，又让孙剑云先生倒了点儿墨进去，然后把徒弟们叫进房，把刚才被人暗算的事情说了一下，又指指面前的痰盂，说：“淤血也逼出来了，无大碍。”意思是不让徒弟们为他寻仇，不要闹事。孙剑云先生才知道父亲刚才的行为是为了这个。没多久孙禄堂先生就回了河北完县老家。隔了一年多，孙禄堂先生突然说自己要走了，并把走的日期都说得清清楚楚。家人又惊又怕，坚持让他去医院检查，去的是北京德国医院。西医检查了一遍，说身体没什么毛病。家人不放心，又找了有名的中医孔伯华来看，孔大夫说从脉象上看，孙先生的身体比年轻人都好，家人才放心。

此后，孙先生也如常教拳、练拳、吃饭、睡觉，可是到了孙先生预言的那天黎明，他把家人叫到身边，说："我要走了，一会儿有仙佛来迎。"

接着让家人到院子里烧纸，等家人烧完纸再进来，孙先生已经坐得端端正正，背对西北，面朝东南，须发飘动，满面生光，交代了几句话便坐化了。孙剑云先生讲这些的时候，带着若有所思的神情，而我听完之后，生出的是更多的敬仰。

逐渐熟悉后，我还了解到孙剑云先生的一些家事。孙禄堂先生有四个孩子，三男一女。她母亲四十多岁才生的孙剑云这个女儿，视若珍宝。她大哥、三哥死得早，父母在的时候，她大嫂和大哥的几个孩子还有人照管。在孙剑云先生二十多岁的时候，母亲过世了，孙剑云先生就把大嫂和孩子们接了出来，和他们住在了一起，甚至因为怕自己成了家侄子们受苦，孙剑云先生一辈子没有结婚。孙剑云先生年轻时条件优越，人也漂亮。孙先生家里有一张照片，照片上的孙先生穿着旗袍，一头鬈发，手持一支香烟，坐在沙发上。用先生自己的话说，她就是"从没出生就

孙剑云先生

开始被人伺候”的人，哪里想到会受这些苦，但她还是撑下来了，并且乐天达观地生活着。孙剑云先生说，原来想着自己年轻，先把大嫂养起来，把大哥的子女都养大了，自己再成家不迟。最后拖着拖着，一方面年龄也大了，另外一方面也习惯了这种单身的生活，就不嫁了。后来聊天她又说，自己父亲一世英名，孙家没个支撑门户的人。只要她不嫁人，就还是孙家的人，孙家就还有人在，孙家的绝技便还在。如果她嫁人了，便是别人家的人，不能代表孙家了，那孙家的一门老弱便没了顶梁柱，家就散了，她觉得没法和父亲交代。了解了孙剑云先生肩负的家族责任和武术使命后，我在唏嘘之余也敬佩不已。

孙剑云先生的理论不多，强调最多的就是“逢进必跟，逢退必撤。转身换式，开合相接”。但她推手功夫的技巧十分精湛，功力浑厚；架子相对比较高，135° ，她说这是最合理的角度。练拳过程中，孙剑云先生特别强调让我多练懒扎衣，杨式就叫作揽雀尾，吴式也叫揽雀尾，但是陈式叫懒扎衣。孙式太极拳是从武式来的，武禹襄又是在温县赵堡跟随陈清平学的，所以孙式也叫懒扎衣。除了懒扎衣，印象最深的还有退步跨虎，孙剑云先生强调退步跨虎要当一个桩来练。练套路练到退步跨虎的时候可以停，要多站、多练，有很大益处。我都一一遵照做了，很是受益。

当时在陶然亭公园里练武的人不少，李天骥也经常去。李天骥年龄与孙剑云先生不相上下，他父亲李玉琳是孙禄堂先生的徒弟。因为有这层关系，所以李天骥也经常往孙剑云先生那里跑。在我和孙剑云先生学拳的时候，李天骥有时会凑过来说几句话，看几眼，但不知道为什么，孙先生似乎并不愿和他多说话。

我和孙剑云先生学孙式太极拳的时间不长，满打满算一年时间，后来在京的任务完成，我要回山西继续工作，便与孙剑云先生告别了。直到 20 世纪八九十年代，孙剑云先生来太原，我们才又见到。学拳的这一年里，我常常向孙先生请益切磋。学拳之余，孙先生知道我还爱剑法，学过不少套路，因此，没事时她便和我套套剑。孙禄堂先生建立的孙式太极拳体系博大奥妙，但是缺少了太极剑，我也觉得很遗憾。三才剑分上剑、下剑两部分，可单练，也可对练，其实就是现在社会上说的“孙式太极剑”。但是后来孙家似乎不这么说，后来有一些书里说这套剑法书稿在孙禄堂先生去世前已经写出来，就叫《孙式太极剑》，只是没有出版。民国以来的太极、形意、八卦的拳师们称道孙禄堂先生各种功夫者甚众，就是没有提到过孙氏的太极剑。我们都读过孙禄堂先生的著作，与《孙式太极剑》语言风格和表达方式是否一致，大家一阅便知，不需我多言。

当时和孙剑云先生学的孙式太极拳与现在流行的孙式太极拳还是有区别的，起势就不一样。起势是向前向上捧，手心斜向内，不是现在好多人练的向前插。懒扎衣有种练法是凤凰三点头，其中打法上包括了起打、落打，身法上以胸前画十字，起钻落翻的奥妙尽在其中。整体的身法要点有三，一是尾闾中正，所有的动作都是以尾闾向前推挤和向后牵带为核心；二是顺中用逆、逆中用顺，有向前之力必有向后之力；三是进退要合宜，不可过早或过晚，早则顶，晚则丢。孙式太极拳的最大特点尽在进退之中，通过进退来体会力由足起、节节贯串的要义。

李东昇：舍己从人不费拿

说到太极拳，对我产生影响的还有一位名叫李东昇的先生。李先生是山西夏县人，民国时候是太原监狱典狱长，擅长擒拿，因为也练太极拳，常参与太极拳的一些交流活动。我与他遇见的次数多了便熟识起来，他给过我很多指点。李东昇先生也是一位开明诚恳的人，虽然我们并不是师徒关系，但他在讲拳理、试劲路的时候从来不保守，倾囊相授。有一次我问他：“先生的拳技这么精深，师承哪位前辈？”

他哈哈大笑，说：“我哪里有什么师承，我是个杂家。”

后来了解多了，我才知道先生也是位奇人。李先生少小来太原谋生，做过很多职业，好武成癖，入伍后被派在监狱工作。当时是个乱世，监狱里的犯人们也是三教九流，各行各业的都有，比如有擅长跳墙越檐的贼，有打家劫舍的强盗，有横行山陵的土匪，甚至也有许多有江湖背景的人士。李先生人比较忠厚，对犯人们不像别的狱吏那样粗暴刻薄，渐渐地和一些犯人熟悉起来。其实那样的社会，大部分犯人是生活上没着落，走投无路才铤而走险的。和这些犯人熟悉之后，东昇先生便会请教一些功夫，有真懂真教的，也有不懂瞎教的，李先生无不用心钻研琢磨，也和会练的同事们交流，时间久了也悟出不少东西。后来监狱里关进来一些绿林人物，还有犯事的武官，有些是死刑犯，他们见李先生真心好学，也不想自己的看家本领没个传人，就有不少人倾囊相授，这里面有很多功夫都是乱世里实战出来的经验和技能，难能可贵。李先生的功夫就是这样积累起来的。由于他经常要抓捕犯人，就尤其留心各种擒拿法，日积月累的，也颇有成就。我曾见他和人试手，狠辣多变，无不简捷实用，很少落败。他告诉我说，他的擒拿一般人练不出来，为什么呢？一般的武行练家都是师徒、师兄弟之间练功切磋，点到为止，不会真的攻击要害，不会真的下狠手，这样的训练总是留有余地，真要交手，往往差点狠劲儿。而他为了实践学来的技艺，有时会故意留机会让犯人跑，他再去抓，把学过的技术都用到逃犯身上。下手没那么多顾忌，犯人拼死相抗，他也是用尽全力，所以他的擒拿和一般练家不同。一般的练家是师友切磋，点到为止，在实战上往往有“不及”之弊，而李先生则是出手不留余地，有“太过”之嫌。总之出手伤人，过犹不及，分寸很难拿捏。他也自知出手太狠，因此在一些场合就刻意避免与一般后生动手。我认识他的时候没有机缘深交，加上自己有师父，要避嫌疑，因此并没有特别请教。当时错过，也是遗憾。后来李先生把这些杂七杂八学来的东西，都化进了太极拳里，也是聪明异士，武术奇才。

新中国成立后，据说他回到了夏县老家。也是因缘巧合，20 世纪 70 年代初我被下放，就恰巧下放到了夏县。我打听到李先生还在世，只不过年龄大了，生了腿疾，时常卧床休养。我在劳动改造的间隙，便抽空去拜访这位前辈故人。当时师友飘零，我一人被下放到异乡，心中不免有许多孤寂和感创，因此重新遇到李先生后异常兴奋。而李先生也因被迫还乡，日日与乡民为伍，无可与言者，加上身体衰迈，常年卧床，其孤寂与凄零也可想而知。所以当我们见面的时候，李先生从炕上坐起，紧紧抓住我的手，老泪纵横，反反复复地说："我将死之人，竟有故人来访！"我也不觉悲伤。

在这段时间里，我有空便来，一方面同他聊一些旧日武术界的逸闻，同时也是有意请教学习。

有一天下午，在说到拿法的时候，李先生说："我年轻的时候拿人全靠技巧、靠劲，拿人的关节。把人体经络、骨骼、关节点了解精熟，吃透了，然后一出手便能合了套，拿骨节、拿经脉、拿穴位，把对方制住。但是晚年返乡后，才透过那一层，知道真正的拿是拿气血、拿神意。"

结合太极拳的精义，总结起来，就是"舍己从人不费拿"，"在擒拿过程中，要真正做到舍己从人，不是拿对方的劲，而是拿对方的神和意"。这些说法让我受益匪浅。李先生还将他毕生的拿法总结成了口诀，其中一段话我一直记得："远搭手，近靠肘，不远不近肩一抖。虚能灵，灵能懂，懂能变，变能化。力不打劲，劲不打法，法不打化。"又说，"远求手，近求肘，不远不近靠肩抖。"当时在他破旧的土屋里，李先生没有下炕，靠在炕桌边，安静地示范着每一个动作，他目光炯炯，双手像两条活龙一样，完全不似方才的老迈衰弱。我在他对面的一把破椅子上坐着，安静地看着，安静得可以听到自己的心跳。阳光从背后的旧窗户照进来，像几条小溪。室内的浮尘、他示范时衣袖卷起来的尘土，像黄色的轻烟翻卷在这几道阳光里，我静静地看着，心里生出了很多感动和敬畏。这才是习武给予人的益处，即便是形体衰残，而精神和内心却永不失其灵明。

关于夏县，我也顺带多说两句。当时我是直接从山西艺术学院下放的，被下放到夏县后，一待就是七八年，随我去的还有我的大儿子。刚去那年，没有单位接收我，生活无着，我就带着儿子到处找住处，讨生活。后来没办法，便进了中条山，在山里找到了一个破庙，才有了落脚之处。原本以为是个荒废的庙，进去之后才发现里面住着一个道人，破衣烂衫，发髻乱蓬蓬的，因为不愿还俗，也不愿回老家，就一个人悄悄躲进山里。白天还不敢生火做饭，怕被人看到烟举报。我们走进那个庙的时候，他说吓了他一跳，以为是政府派人抓他还俗呢。后来我就讲了我的尴尬处境，他说："那你也住着吧，孩子也怪受罪的，暂且静待时机，没人理会未必是件坏事。"

就这样我带着儿子同这个师父住了一年多，衣食无着，其中的艰辛不忍回顾。在这段时间里，我隔三差五地到县里，拿着介绍信到处问，却没有单位愿意接收我。后来样板戏流行起来，文艺的导向发生了变化，夏县蒲剧团、眉户剧团要排演新的剧目，看我的介绍信上提到我曾学习过戏剧，对戏剧文学颇有研究，毕业后又任职于山西艺术学院教授文学，便对我产生了兴趣，把我安排到了夏县文化馆。这个时候我才有了安身之所，虽然还会有人用异样的眼光看我，但是至少生活有了着落。

我努力地参与现代戏的改编和排演，很快和演员、群众打成了一片，得到了他们的照应，这段时间我从真正意义上体验了基层乡村。刚去的时候，我对晋南农村的第一印象是：不讲卫生、自私自利、特能吃苦，优点和缺点以一种夸张的方式结合在一起，诡怪奇特。比如下地干活的时候，腰上都别着一个馍口袋，里面装的馍馍都是放了好多天的，硬邦邦的，我们常开玩笑说掏出一个馍馍能把石头砸碎。另外一个，睡觉的炕上铺着一块油布，睡觉的时候在上面，和面做饭的时候也是在上面，油腻腻的。我从小长在深宅大院，哪见过这些，所以一开始有这么几条印象或者说是偏见。后来相处久了，发现这里的人更多的是淳朴，尊重知识、敬重能人，我生活的改善正源于他们对文化和文化人的敬重。

文化馆的生活虽然清苦，但是比起我在太原受到的排挤批斗、在中条山破庙里三餐不继的生活，已经算是天堂了。文化馆门口有几株高大的梧桐树，工作之余，我都会站在下面读书、推敲剧本。累了就遥望远天，风吹过有声，如友人报语；日月经过有影，如家人相伴。子女远来探问的时候，我也是在这几棵树下接待，这亭亭茂密的树冠，成了我的华盖和客厅。以至于多年之后，我女儿还时常想起夏县的那几棵梧桐树。我之所以生活比别人清闲，或许还有一个原因，就是我还在业余时间，利用跟晚清民国的异人习武、修行时学到的医术，到周边各个村庄、乡镇，义务为大家扎针施药，兼做了一个赤脚医生，治了不少病，也因此得到了同事和群众的尊敬。

生活就这样过着，每天按照文化馆和剧团的要求编写剧本、编排剧目，或者给乡亲们看看病，日日兢兢业业，时时小心谨慎，日子没有了一点波澜，就像一片飘落在水面的落叶，日渐沉没，直到沉入水底。除了偶尔夜深人静的时候练趟拳之外，我离武林界越来越远，回首自己的人生，感觉像一场梦一样，那个在黎明的院落中挥汗如雨苦练八翻手的少年，竟不知是谁氏之子了，甚至有时恍然不觉自己练过武术。然而，这些被我自己都遗忘了的技艺，竟然在那个狼狈的岁月为我带来了一些荣誉和慰藉。有一年夏天的一个午后，我和剧团的一个武生下乡演出，他骑着自行车带着我，我手里拿着几件衣帽道具和一根演出用的藤棍。为了赶时间，我们抄了一条荒僻的近道。盛夏的午后，四周都是庄稼，一丝风也没有，闷热不堪，连蝉都懒得叫一声。我们正闷声赶路，突然前面的庄稼地里跳出三个人，拿着砖块木棍，上来一把抓住自行车车把要抢。平时舞台上身法架势漂亮至极的武生突然就慌了，呆在原地不敢动弹。我抄起藤棍，用鞭杆的技法，三下五除二就把这三个劫匪放倒了。经过这件事情之后，大家都知道我会武术，甚至传得神乎其神。一开始我还有点紧张，怕受到影响。不过县文化馆的领导们倒是挺赏识我这个技能，排戏、出诊的同时，还安排我进行过几次武术实战技法的演示，并让我在各个村教拳，也教了不少人。我教的那些人后来大多不联系了，不过其中有一个学生，从 20 世纪 70 年代一直到现在，三四十年中每年都会来看我，送些我喜欢的煮饼之类的特产，算是极有情义的。他学形意，每年来我只教一形，一年一形，甚至两年一形，他也不抱怨，也不提要求，总是默而识之，退而用功，把每一形都吃透。不论习武还是习文，最忌贪多，他能这样学，让我很欣慰。

这段岁月，现在回头看，我个人也算是因祸得福，避开了乱世斗争的旋涡，在一个偏远的县城发挥了自己的一些特长。而让我不忍回忆的就是陪着我去的大儿子的遭遇。他随我去夏县的时候也就八九岁，先是在中条山跟着我挨饿，到县城后又经常被一些孩子欺负，他就和他们打架。我教过他通背拳，他练得也不错，身体素质比一般孩子要强健些，所以一般孩子不是他的对手。但是那些孩子就裹成群打他，拿砖头石块砸他，他吃了亏也不和我说，即便是和我说了，我当时也没为他做主，有时候还呵斥他。那时还不懂心理健康的知识，孩子委屈久了，就越来越沉默自闭，一直到最后无可挽回，成了一个痴傻之人，这是我一生的疼痛和懊悔。

推手，我佩服三个人

我十几岁学完王新午太极拳，现在九十多岁，几十年了，其间或者直接学，或者间接通过师友接触，也把杨式、武式、吴式、孙式等各家太极拳都见过了。太极拳好不好呢？说句实在话，从拳理和套路上是极高明的，那么在实战中能不能用呢？就我看来很难，这个“难”有两方面的意思：一方面练出功夫难，纯粹练太极拳，练到可以技击实战是一个很漫长的过程，这是练上难；另一方面是理上难，太极拳讲求以慢打快、以柔克刚、以小力胜大力，柔克刚、慢打快，从通常的拳理上看，这是违背常理的。而这恰恰又是太极拳的特殊和奥妙之处，老子言：“反者道之动，弱者道之用。”能做到体道而动、任道而用，非一般人可以达到。正因为有这两方面的“难”，所以以前练太极拳的都会练些别的拳术以为辅助，比如山西练太极的一般都练形意，刘东汉和葛书元先生专研炮捶以辅助太极。前面说到的王新午先生更是一个显例，在练太极的时候，专练八翻手，在用的时候用八翻手的手法结合太极的劲。如果纯练太极，依照现在人的资质，恐怕很难，至少在我见过的民国的先生中，即便是太极名家，也需辅以其他拳术。其实依照三丰祖师的《太极拳经》

来看，太极拳的高明之处不在技击，而在于心性修养等方面。《太极拳经》原注不就说嘛：“此系武当山张三丰祖师遗论。欲天下豪杰延年益寿，不徒作技艺之末也。”清清楚楚、明明白白。我们后人非要追求太极拳的“末技”“小用”，而忽略了太极拳的“大用”，也是很可惜的。

单练太极拳以达到技击的程度很难，所以前人也经常以推手来检验功夫、训练用法。推手本来是太极拳的一种训练方式，现在好多人错误地把它理解为实战，这自然是错的。从太极拳讲，推手只是一个知己知彼的功夫，自己盘架是知己的功夫，和人实战是知彼的功夫。推手只是由知己到知彼的一个过渡，是一种聪明而有效的训练方式，是从散手演变而来的。只不过两个人对抗性训练的话，需要专业的护具、场地，一般习武的人达不到那种专业场地的要求，所以前辈们发明了一种比较安全的训练方法，就是推手。太极拳的推手就是把掤、捋、挤、按、採、挒、肘、靠、前进、后退、左顾、右盼、中定十三式中积极的技击方法，在两个人的推手过程中体现出来。

在推手上，我最主张的就是武禹襄的《四字秘诀》，这四个字就是：敷、盖、对、吞。“敷”就是把对方整个儿罩住，敷住对方的劲。“盖”其实也是这个意思，与敷差不多，差别在于，盖更主动一些，在对方的劲将出未出的时候，把他打出去，把他的劲闷住。“对”和传统的榫卯结构一样，把火候掌握好、把老嫩掌握好、把对方力量的大小缓急掌握好，然后就和对方合斗榫卯，把劲合乎尺度地放出去或者克制住。“吞”指的是在敷、盖、对的基础上，用神把对方笼罩住，把对方的劲力、神气全部吞进自己这边来。具体就是用两掌把对方身体罩住，用双眼把对方的神气慑住，从内里来说，就是用内劲、用气把对方慑住。

太极拳说白了就是圈，大圈套小圈，错综变化，奥妙无穷。总的来说，无外乎就是平圆、立圆、混圆三个圆，以丹田带动，根在命门，腰做主宰，上下内外混成一圆。运动之中寻隙，一旦得其罅隙破绽，则顺势而入，如打闪纫针一般，克敌制人于顷刻之间。所谓打闪纫针，“打闪”形容其机、其隙稍纵即逝，如闪电一样，“纫针”是说我见机而作，趁片刻闪光穿针引线，要当机立断，该发则发，该放则放，快而准。这需要一定的技术和经验，关键要心特别静、意念特别集中。王宗岳先生在《太极拳论》中说："虚领顶劲，气沉丹田。不偏不倚，忽隐忽现。左重则左虚，右重则右杳。仰之则弥高，俯之则弥深；进之则愈长，退之则愈促。一羽不能加，蝇虫不能落。人不知我，我独知人。英雄所向无敌，盖皆由此而及也。"说的就是这个理。就王宗岳先生这段话，我想到了一个"小细节"，但却是许多练太极拳的人需要注意的"大问题"，不可以不说破。王先生说"气沉丹田"，练拳的人都有些感觉，至于丹田在何处，气沉丹田时腹部等有何细微的变化，却有很多人不甚明了。就我个人的经验和感受，气沉丹田之后，正确的做法应该是：小腹微微隆起而肚脐内收、往回吸，这很关键，不能往外凸出挺起，弄得大腹便便的。同时命门和丹田是贴的，微微发紧，相互吸住，这样能够防止练拳时丹田练出感觉后刻意向下沉，刻意鼓肚子。还有，练完拳还要注意腿部的放松，腿部的气脉是最难通的。练完拳，很多代谢的垃圾也会下沉在腿部，如果不注意放松，腿部会受到损伤。许多练拳的人到最后腿都练坏了，原因很大部分在于此。

在太原、北京等地，我见过不少练推手的。在我接触过的前辈名家之中，好手特别多，让我敬佩的有三个人，一个是葛书元先生，一个是孙剑云先生，还有一个是崔毅士先生。当时葛先生在太原，另两位都在北京。孙先生推手的特点是从不主动发放，特别轻灵，在推手过程中，等对方劲往外送的时候，对方会自己跌出去。崔毅士先生则特别善于发放。我在北京遇到崔先生的时候，他的腿已经不好了，坐在椅子上，铁腿的椅子。他坐在那里和别人推手，因为老发力放人，所以铁椅子腿都是弯的。我还见到过很多人，推手时并不能让人输得心服口服。因为真正的推手，不使绊子、不用蛮力，擒拿技巧都不用，全凭借训练出来的技巧和听劲、化劲的功夫，这本身就是一种训练，也是一种修炼。如果靠摔跤的一些技法、蛮力，即使把人赢了也不在道理上。早年在布华轩先生家，我遇到了许有德师父，趁一时之兴想和许师父推推手，被许师父拒绝了。许师父说：“你个子比我大，我会没优势。”

这是聪明懂行的老实战家。其实如果功夫差不多，身材高的肯定比身材矮的占优势，能够把对方罩住。

还有推手的时候，把人发出寻丈之外也是有的，尤其是太极劲作用在练过太极的人身上效果相对明显，因为彼此都能吃住这个太极劲，而作用在没练过的人身上，效果有时候并不如人意，不一定能打出这样的效果。其实我想借这个事情说明一个道理，就是功夫不是魔术。虽然太极拳讲究以慢打快，以小力胜大力，但这在双方功夫悬殊的时候才有用，功力深厚的人能以小力胜功力弱的一方。如果双方功夫相差不大，力量弱、体重小的一方不容易占优势。现在在网络上看到的那些所谓凌空劲、隔空打人，不挨人就能把人往外发，几乎是不可能的，我没见过，也没听前辈们说过。

拳法遗来本五行

——形意门话旧

心系形意

20 世纪 40 年代，霍宝珊先生离开太原去东北参加抗联后，我一直没有找新的师父学习，一方面是情感上接受不了，另外一方面是跟着霍先生见的人多了，反而不知道要和哪位先生学。后来有一段时间我迷恋上了形意拳，就一心一意地想学形意。

“形意拳”这个名称出现很晚，有的人认为从李洛能开始就叫形意拳，有人说应该是从李存义这儿开始。李存义是刘奇兰的徒弟，参加过义和团。义和团在天津失败以后，清政府开始围剿，他就跑到山西避难。避难的同时就去了太谷找车毅斋先生和宋氏兄弟这些前辈，在那个时候，他和太谷的同门商量后提出“形意拳”这个称呼。还有一种说法，“形意拳”这三个字正式见于文字，是在孙禄堂先生的《形意拳学》，在此之前没有这个提法，也没有“形意”这个词。当时拳师们都叫“心意拳”，不是“形”，而是“心脏”的“心”。“心意拳”与“形意拳”一字之差，意义却相差很多，要说哪个立意更高，客观地说还是“心意拳”这个名称比较好。“心”与“意”不同，心是本体，意是作用。“心”在拳式当中是无极式，混沌未生、阴阳未判的时候叫“心”，那是体。一旦有了念头，有了动作，阴阳便分，就有了虚实，有了“意”，“意”就是造作。心与意合，就是明代王守仁先生说的知行合一。心与意合，气与力合，相合能成一体，动中存静，后天才能返先天。所以说“心”和“形”一字之差，含义完全不一样。但是如果从拳术上说，“形”又很重要，拳术必须靠肢体去表现，如果没有形，没有结构，意便也无从依附，没有体现的地方。所以如果从拳术上来说，用“形”字，强调了形的重要，又是一种进步。可如果从拳术修身或者修养的意义上来说，称作“心意拳”立意更高，所以各有各的好处，不能简单地判断好坏优劣。

关于形意拳的创始人，有各种说法，最早说是达摩，而普遍认可的始祖是岳飞，约定俗成，不必细究。再往后有史可查的是明朝末年的姬际可，山西永济尊村人。据说他在少林寺学过，后来在终南山发现了岳武穆的拳谱，清朝顺治年间开始传心意拳，传到河南曹继武、马学礼，嘉庆道光年间又传到张志诚、马三元。咸丰同治年间，山西祁县的戴龙邦先生在河南信阳城东十里社开有十家店，学艺于李政明（也叫李政）。学成后编著了《心意六合拳谱》，序言说这个拳谱是在马学礼的书斋写的，此说真假难辨。后来戴先生回到了祁县。戴家在祁县是名门望族，明末的傅山和戴家来往就很频繁，在傅山的书信上都可以得到证实。戴隆邦将心意拳传给他的儿子戴二闾，小字叫二驴，是说他力气大。过去有句话说“只见戴家人打人，不见戴家人练拳”，外人是看不见戴家人怎么练拳的。戴家在心意六合拳的基础上加了五行拳，河南只有十大形，还没有十二形。十大形也叫十大真形，戴家又加了骀形和鼍形，它的桩法就是蹲猴桩，也叫蹲猴式，还不是现在形意拳的三体式。戴家的拳讲究阴阳翻、天地翻，练法以丹田为主，如子在母胎。以丹田为核心练内功，如翻丹田、射丹田、砸丹田等，身法上讲究束展。

戴家的拳从来没有外传过，河北的李洛能先生听说祁县戴家有这个绝技，便专门来祁县访学。如果直接上门学，人家不教，他就装成一个卖菜的，每天给戴家送菜。送了三年多，戴家人觉得这个人挺实诚。后来李先生提出来想学拳，戴家就找了个人教他，学了好几年，也没有学到核心的东西。又一年，正好赶上戴二闾的母亲过寿，徒弟们都轮流表演助兴，轮到李洛能的时候，练来练去就是半趟进退连环，其他的他没学也不会。戴二闾的母亲觉得过意不去，就说："怎么只有他练成这个样子，既然说教，就教好。"

戴二闾是个孝子，他母亲说出来了，他也就好好地教了。也有人说，除了戴家老太太说了之外，戴家的账房郭维汉也说了情。教是教了，具体是谁教的，是直接和戴二闾学的，还是和戴家亲戚学的，现在不好说。因为戴家拳在祁县确实还有一支，与戴家是亲戚，和戴家练的还不一样，也叫心意拳。李洛能先生学成之后，就从祁县去了太谷，开始护院走镖。当时太谷有个富商叫作孟綍如，他的故居还在，就是现在的孟家大院。孟綍如就请李洛能去护院。车毅斋先生当时在武家当车夫，见李洛能先生练功，功夫非凡，就偷着学。后经人介绍，李洛能觉得这个人不错，就教他。孟綍如先生看到这种情况，也就乐得成全，组织了拜师的仪式，让李洛能正式在太谷收了徒弟，车毅斋是头一个，紧跟着就是刘元亨、李广亨、贺运亨，再就是从北京宛平迁来，在太谷卖钟表、修钟表的宋家兄弟宋世荣和宋世德，这些人物都拜在李洛能先生的门下，当时叫五星聚太谷，各自有各自擅长的地方。比如宋家兄弟擅长内功，功夫结合了《内功四经》。宋家说《内功四经》是从石函里面挖出的，但真正是哪里来的也不好考证。他们家的拳法以《内功四经》为辅助，结合了形意拳的练法。车毅斋先生是车派形意的创始人，动作紧凑，严实轻巧，不像宋家那样专门着意于发抖力。李洛能先生晚年回了河北，又教了刘奇兰、郭云深。郭云深很有名，号称半步崩拳打遍黄河南北无敌手。

关于李洛能先生的名字，有很多不同的说法。河北有的地方叫他“老能”，还有作“老农”，可能因为他曾经化装成菜农。民国时期立的车毅斋纪念碑碑文上，用的是李洛能。但是“洛”字不符合河北口音，河北叫老什么的很普遍，很有可能是李老能。老能在山西土话中就叫作老农，都是一个字，一个音。以上说的是形意拳的起源和命名，这些读书读来的或是从师长那里听来的人物典故和传奇故事，让我对形意拳更加向往，也更坚定了要学的心思。

太原城外的形意拳

我父亲原来也练拳，练的就是形意，并且跟的是形意拳名家王福元先生。王福元人称“铁胳膊”，名号在太原响当当。虽然我学拳的时候他早就过世了，但是说起他还是无人不知。王福元是河北形意拳宗师刘奇兰的弟子，自幼随侍，痴迷于拳术，为了保持童子功，终生未婚，习拳数十寒暑，尽获刘氏形意拳之精髓，功力深沉，技艺精湛。有人说王福元当时在河北铲除恶霸，惹了人命官司，为了躲避官府，来山西投奔车毅斋先生。其实我当时听说的是王福元先生参加义和团，在天津老龙头杀了好多洋人，血透重衣，最后义和团战败，王先生就跑到山西投靠车毅斋。不管什么原因，反正来山西之后休养了一段时间，车先生就把他推荐到榆次给人保镖护院。因为王福元先生与车毅斋先生、宋世荣先生都有交流，所以他的形意拳既有刘派的基础，同时又有很多车派的精华。王福元先生这支在练法上，融合了山西和河北的两种风格。工作之余，王先生也授徒教拳，在榆次、阳曲一带授徒甚众，名噪一时。像榆次的彭映玺、王振纲、王继武、郑子刚、薄占梅，阳曲的穆修易、彭廷隽、刘士荣、齐振麟，太原的辛元先生，等等，都练得不错。其中比较出名的有穆修易、彭廷隽、彭映玺、彭喜太，号称“三彭一穆”。

其实，当时山西武术界练形意拳的很多，但是进太原城教形意的人不多。太谷的先生过去很少进太原城里教拳，后来布学宽先生的徒弟张

形意拳名家布学宽画像（阎子龙绘）

形意拳名家穆修易画像（阎子龙绘）

永义和梁焕章在太原的银行工作，也传了些人。太原周边的黄陵有巩崇富一支，也是布先生的徒弟，原来在太谷做买卖，后来回了黄陵。李复祯的徒弟在清徐一带也有传人，都在太原周边。“铁胳膊”王福元就在榆次一带，他的弟子里面像彭廷隽、穆修易等也基本全在城外，不进城教拳。即使在东山，甚至南门外教拳，也不进城。就算是彭廷隽、穆修易这样的形意新秀，开始也不是以形意拳出名的。比如彭廷隽，有龙门派的传承，以道功为长，着重练内丹，他的功法练法都没问题，致命的缺憾是他文化程度有限，对道家、内丹的认识没有上升到一定高度，不能把精神和功法、性命与气质打通融会。一方面只落在了形体、具象的练习上，一方面又执着于玄秘方术的探求。他追求神通，追求长生，追求不死，痴迷于研究一些民间的方术，什么定身术、百步捶之类，甚是邪门。除了这，还弄什么五鬼驾车之类的法术，后来也死在了这个上头，很可惜。他的徒弟有名的就是胡耀贞和韦成功。

穆修易也很出名。当时，穆修易在太谷的顺民亨货庄学徒做买卖，拜王福元学形意，是王福元八大弟子之一，又和车二师父等都有接触，所以他的风格里头也有太谷的东西。学成后自己编了很多套路，像乾坤掌、伏虎拳，等等。穆修易样子长得土里土气，但功夫不错，在国民师范教过拳，后来在太原中学、山西大学、太原女子师范都教过形意拳，所以传人很多。穆修易先生最出名的就是指力和胯打，指头能捏碎核桃，胳膊上挂麻袋练功。有一次他回马庄，背上背着个褡裢，马庄有拴马的石柱，他一时兴起，往上一靠石柱子就断了，胯功非常厉害。之前马庄有个大庙叫芳林寺，有一年冬天，庙里来了个山东人，说要和穆修易比试比试，一看就是专门来山西找他比武的。穆修易先生一开始不答应，不和他比，觉得不认识，没啥必要。结果这个山东人就站在大门外连叫带骂，无论如何要和他比。穆先生不理他，趁晚上就偷偷地去庙里摸山东人的底细。潜行到山东人住的房间外，捅开窗户纸看他咋练功的，一看原来是擅长横练功夫的，练的铁布衫，是外家的，穆先生心里就有了底。第二天，穆修易先生就同意比武，约好了比试的时间。在比武前，让家人和徒弟们把院子里泼满了水，极冷的天，院子里冻上了一层冰，滑得站不住人。等开始比试，因为这个山东人练的是硬功，上头一紧下头就松了，下头不稳，而穆先生腿功好，下盘极稳，所以就占了便宜。穆先生已经看好了才同意比试，找到了人家的缺点。可见穆修易不仅功夫厉害，心眼儿也活，很聪明。穆修易先生临去世前腿憋胀得难受，便让家里人拿着大木棍子在他腿上用劲打，腿憋胀可能和他下的功夫太大有关吧，所以练拳还是得把握个度，把握住火候。平时“三分练七分养”，一点没错。这些估计和别人说的不一样，晚辈们年龄小没见过，或者为亲者讳都是人之常情。

总之，当时学形意、教形意的这些人大都在太原城外，城内很少遇到形意拳名家的老师父。我坚决学形意，父亲在城内甚至是家门口给我找老师也着实不容易。后来，父亲说：“你跟着霍先生接触了不少太极拳的名家，何不继续学太极，更深钻研呢？太极根基稳固之后再学形意也是一样的。”

我就一根筋地迷上了形意拳，说什么也不行，父亲一生气干脆不理我了。过了一年多，父亲突然和我说：“你不是想学形意吗？”

我说：“是啊。”

他说：“真给你物色了一位顶好的形意拳名家。前些时候托人介绍，遍寻不得。最近我自己很看好一位先生，也是踏破铁鞋无觅处，得来全不费工夫。等我托人说定，就可以带你去拜见了。”

看父亲如此郑重其事，我不禁暗自期待起来。问了父亲这位师父的名讳，自己也开始留意起来，从一些老师父那里打听到不少信息。

父亲说的这位形意拳的师父姓辛名元，字少轩，原籍在山西北路代县朔州一带，非太原本地人，清末民初来的太原，家就在精营街。辛元先生早年跟随戏班里面的一个武生学武，有武生的基础，腰腿功夫很了得。后来到口外（外长城以北地区）当镖师，跑马走镖，经历了不少江湖险恶。在口外走镖的日子里，辛元先生慢慢厌倦了这种江湖生活，越接触真实的现实，似乎越看不到希望。同时故老见得多了，对历史真相的了解就更多，逐渐萌生了一些革命的想法。正好当时同盟会在晋北大同等地秘密发展势力，开设拳房，收徒习武，培养革命据点。辛元先生就和当时的负责人李德懋等联系上，很快就成了骨干之一。1911 年 10 月 10 日武昌起义的同时，辛元先生跟随李德懋等人率宁公团、义勇队举事响应，攻占大同。满清政府派两路军进行镇压，一路由曹锟、卢永祥率领进攻太原，一路由郭殿邦、陈希义率领进攻大同，革命力量很快撤出了大同。辛元先生追随李德懋由孤山至古城，与阎锡山部会合，经过修整、整编，配合阎锡山部重新收复太原、大同，把清政府势力赶出了晋地。其间，辛元先生参加了无数场大小战斗，有满身的伤疤，脸上一个很大的刀疤尤其夺人眼神。所以辛元先生的功夫是打出来的，有极强的实战性。民国元年（1912 年），阎锡山组织精武社，为其培养警卫人才和武术教官，由李德懋任社长，辛元先生被选在其中。民国九年（1920 年），山西部队进行大整编，精武社被取消，改编为技术队，辛元先生被选拔为骨干教官，与于鉴、葛书元及其他拳师一起，帮助李德懋完善了极具实战性的八法拳、八法枪、八法刀等经典武术套路。

说到这里，鉴于某些著作中的不实之词和不严谨之处，我想提出一点我个人的怀疑。曾经有人写了一篇文章，在书上、杂志上都发表过，说穆修易和辛元比武，把辛元给打了，辛元找了一个江湖卖艺的叫李德懋，一起去找穆修易，结果又被打了。这篇文章就纯属胡说八道，李德懋是阎锡山的副官长，怎么会是卖艺的呢？世人盲从盲信到这种地步也是可怜，而写作的人连基本的历史知识都不知道，更是愚昧。

总之，这些问题究其原因，大多是由于练武的人文化程度普遍低下，又爱附庸风雅，自我抬高，实在是让人忧虑。文武本是一途，前辈大师们无不文武兼通。如果实在不能通文墨，便好好向前辈看齐，把功夫练出个境界层次，也算有个成就。又或者实在受不了习武之艰辛枯燥，想在文字里打混，那就不妨好好读读书，把前辈名家的传记、拳论熟读精研，在理上明白，也算是得先贤一体。倘若武不成、文不就，信些道听途说，练些江湖把式，总是误人误己空忙一场，岂不可悲！

辛元先生的通背和形意

对辛元先生早期影响比较大的武术家是代县拳师杨二疙瘩，这位杨师父的名讳，我已经记不清了，只记得辛先生说因为杨师父头上长了个瘤子，所以都叫他杨二疙瘩。后来这位杨师父出家做了和尚，不知所终，据说入了五台山。也有人从长辈那里听说这位杨师父在出家前与阎锡山结拜过，也是不可考了。辛先生和这位杨师父学的是十趟七星通背，辛先生因为在口外走镖吃过不少亏，所以学习的时候极肯下功夫，不惜性命地苦练，把七星通背、五虎刀等学得精之又精，后来就凭此技在口外扬名立万。后来我拜在辛先生门下，虽然主要是为了学形意拳，但这套通背拳，辛先生也是严格督促我学习，到他老人家去世，我才跟他学了两趟，真是精雕细琢，极尽华美。虽然后来整套拳都和师兄弟们学完了，但还是跟着辛先生学的这两趟让我受益最大，所以后来我传学生便以这两趟为主。

说到这套拳，我也借机多说几句。七星通背，是以人的头、肩、肘、手、膝、胯、足为七星，步法上走七星步，绕着走。头、肩、肘、手、膝、胯、足七星并用，步法灵活善变，身法吞吐进退，所以叫七星通背拳。虽然叫作“通背”，但和市面上拍拍打打的“通背”又不太一样，很有特点，实战性很强。七星拳里面最有代表性的招法就是天地翻，一字手。有诀云：天地翻，一字手，拨浪鼓儿伏地走。一字手指上打下，虚实相生；天地翻来回转换，阴阳相生。把两只手当成一只手去使，一虚一实，一实一虚，上下转换，左右翻飞，宛如天地翻覆一样。常见辛先生打人，一挨着就发出去，躲无可躲，逃无处逃。有不理解而请教的，辛先生就说：“我这是天地手，你肯定跑不出去。”

这其实是讲一种技击的理念，并不是单纯的某种招法。说白了，手就是这双肉掌，两只手可以分阴阳，分虚实，两只手当作一只手使用，就不是单出单入这么简单，在招法上可以演变出很多动作。一字手是上下，天地手是两手成圈，在圈里来回变。拨浪鼓是左右虚实变换，像拨浪鼓一样这边过去那边打，形容身法的灵活、劲力的弹抖。通背者，通灵于背，在这套拳上体现得很充分，辛先生在这套拳上用功相当深。当时口外民风剽悍，好勇斗狠，土匪山贼很多，又是重要商道，所以聚集了不少江湖人士。辛先生在口外保镖，便以“一字手，天地翻”扬名，不少人物都败在了他的手下，人送外号“金翅鹞子”。因为在过去，通背还属于长拳，所以也有人叫他“长拳一只虎”。“金翅鹞子”是说他轻功好，“长拳一只虎”是形容他的长拳刚猛。除了通背以外，辛先生还擅长八卦、黑虎拳、母子捶，自创花通背，中年以后直至晚年，专研形意拳。兵器上除了刀术，最擅大枪、胡平拐等。

辛先生自民国元年（1912 年）追随阎锡山军政府返回太原，并在精武社任职开始，就特别关注形意拳。形意拳原来是五行六象，河南最早是十大形，祁县是五行十二形，到了李洛能学的时候是五行六象，十二形不全，李存义来了太谷以后才把十二形补全。所以辛先生向王福元先生学习形意拳应就是在这个时期，到民国五年（1916 年）王福元先生去世，短短几年之间已经颇窥形意拳之堂奥，连王福元先生门下许多长年浸润于形意拳的先进弟子也有所不及。

城内有名的还有董秀升，与辛元先生关系很要好。董秀升先生，本名俊，字秀升，山西省太谷县董村人。其先人曾官至侍郎，以医道传家。二十岁时其父去世，董秀升先生除了继续行医，便一心访师习武，往来于京、津和深县、沧州等地，与刘奇兰、张占魁、钱砚堂等先生都请教过，后来遇到了南少林妙丹禅师的后人李志英，学了五行柔术。五行柔术很丰富，有南少林五行柔术托推云撵磨、五行连环掌（其实托推云撵磨连起来就是五行连环掌），有五行拳（龙虎鹤蛇豹）、罗汉拳，还有对练的十二趟相手，加上麻辫功、卧牛功、木球功、木板功、吊袋功五种辅助的练习功法，很全面。另外还有行迟功，就是站在那儿炼气，手法单独训练，有提牛势、捉牛势等，完全是传统的南少林风格。后来结合形意拳来教人，有他的一套东西。

形意拳名家董秀升画像（阎子龙绘）

董秀升先生形意拳曾从学于耿继善，民国七年（1918 年）返回山西，又师事太谷宋世荣的公子宋虎臣先生，颇得宋世荣先生的喜欢和指点。回到太原后，董秀升先生因医术超伦，被聘为山西医院中医师，后任中医主任。刚开始住在红市街，后来迁居到纯阳宫十四号。20 世纪 20 年代，太原国术促进会成立，因为董先生擅长南少林五行柔术，又被聘为少林门的主任。民国二十六年（1937 年）十一月，日寇侵占太原后，董先生生活无着，情绪低落，又沾染上了鸦片，民国二十八年（1939 年）便去世了。

这就是当时太原形意拳的情形，在城内能称得上形意拳名家的还很少。加上辛先生跟随王福元先生学习的那段时间，快速超过了练了多年形意的拳师，他没考虑是他个人功夫根基深才进步神速，而是认为形意拳出功夫慢，又单调，对形意拳有些偏见，有些看不起。20 世纪 20 年代初，刘殿琛先生受阎锡山邀请来太原授拳，在国民师范、阎锡山卫队任教席。刘殿琛先生是形意名师刘奇兰先生次子，名文华，字殿琛，后以字行，在家排行第二，所以江湖上也尊称他为刘二先生。刘殿琛先生刚来太原的时候，辛先生听人说刘很厉害，是形意拳名家，但是辛先生对形意拳还是很怀疑。有一天打探到刘先生在国民师范教课，辛先生就带了一帮徒弟到国民师范，在校园里点名要和刘殿琛比试。一帮弟子门人，加上那些想探探刘殿琛先生底细的，一起吵吵嚷嚷，看热闹的人也跟着起哄，刘先生被逼得实在没办法了，就出来和辛先生动手。辛先生从江湖到军旅，蹚过死人堆，是在实战中成长起来的武家，下手哪有留情面之处。可是与刘殿琛先生交手的时候，辛先生竟然完全施展不开。刘先生一个劈拳打出去，辛先生便跌个跟头，一连被扔出去三次。等第三次摔出去的时候，辛先生彻底服了，就地跪下磕头，请求拜师。刘殿琛先生看他气宇非凡，当即也就同意了。后来辛先生又请了中介人，隆重地补办了拜师礼。

那个时代的人，尊师重教的风气还是很盛，但是也很少有人像辛先生对刘殿琛先生那样的。当时辛先生在精营街住着一套三进的四合院，不知道是他的祖产还是后来自己置买的，很大的一个院子。给刘殿琛先生行过礼之后，名分一定，就把刘先生请到家里来，把最排场的那进院子送给刘先生住。之后又卖了一进，卖来的钱也拿来供养师父，照顾着刘先生的饮食生活。刘殿琛先生也是非常感动，毫无保留地把刘派形意的精华悉数传授给了辛先生。依照辛先生后来对我的说法，当时他对刘先生心服口服，为了专心学好形意，又下了一番实实在在的功夫，原来学的东西通通不练了。中年以后直到晚年，就以形意拳为主。这也是辛先生的决心，也是前辈见贤思齐、服善勇从的德行。不像现在的后生们，轻侮前辈，见善不能从，闻义不能徙，白白浪费了良材美质，错过老师，错失学习的大因缘，实在可惜啊！

因为辛先生有长拳的基础，身法好，腰腿也好，所以练出来的形意拳和别人练的又不一样，格外漂亮大气。他后来的弟子中，当时有名的不少，但沧海桑田，时过境迁，现在为人所知的不多了。现在说一个叫郭培云的，可能大家还知道些。郭培云有个徒弟叫杨桐，我看杨桐练的拳路和辛先生的比较接近，还保留着先师的规模。

辛先生腰腿特别好，晚年睡觉还枕着脚，就是把脚抬起来扳到脑后，头枕脚躺在炕上睡。坊间流传着许多辛先生腿功的故事，其中一个说：有一年冬天，辛先生晚归，腋下夹着个包袱，顺着汾河边往城里走，天寒地冻，夜深人稀，正走着呢，跳出几个劫道的，上来要抢包袱。辛先生冷冷一笑说："你们这种货色也出来做贼，打你们还怕脏了我的手！"抬起脚打了领头的那人几个"比斗"（注：比斗，山西方言，耳光的意思），那几个贼一哄而散。

辛先生轻功也好，走路特别轻快灵敏。冬天常在海子的冰面上练拳，能连着打几十个二起脚和旋风脚，沉稳轻快又有力量，根本不会打滑。水性也好，夏天在海子里游泳，岸上的人根本看不到他，因为他常在水面下潜行，闭气时间很长。我还听一些前辈和师兄们说，辛先生在澡堂洗澡，只有进去的脚印，没有出来的脚印。就是说进去时在哪里留下了脚印，出来还能踩着脚印倒回来，没有多余的脚印子，功夫好到这个程度。还能蝎子倒爬城，就是头朝下倒着爬上数丈高的杆子。再如辛先生练形意拳十二形，练龙形要跳八仙桌，就是在练龙形的时候，一跳就在方桌上了。练燕形要穿长条板凳，一掠而过，一下子便从板凳下穿过去。这说明辛先生身法好，速度快，柔韧性好。

除了这些，辛先生还有一个特点，就是出拳脆快带风，这是我跟随先生学拳后，见先生练拳时最直接的感受。他的拳出去就带风。辛先生强调一点："凡是打拳，柔劲也好，刚劲也好，都要有。"又说，"但要发劲，打出去就要让人感觉到，看着就害怕。精气神要出来，要么不练，要练就要惊人。"

他反复强调的就是这些，无外乎要打出收魂摄魄的气势来，哪像现在这些一般的练拳者，松松垮垮地比画。辛先生从来不主张那么练，一旦练就把精气神拿出来，就是不用力也要含着精气神在里面，要有腾挪之势，发力要让人感觉到震撼，把自己的身心灵魂都化在拳里。起码看着要有那样的感觉，才能到运用的地步。如果练的时候都没有那个将动未动的感觉，用的时候必定松松垮垮，没有灵感，死撅撅的。

国民师范的武术教师刘殿琛

刚才说到刘二先生（刘殿琛）被阎锡山请来山西，任国民师范的教师。为什么这个时候请刘二先生呢？背后其实有不少故事和原因，现在知道的人也不多，我姑妄言之，大家姑妄听之。国民师范在精营街，当时的教务主任叫作张荫梧，字桐轩。张荫梧这个人是晋绥军的高级将领，过去阎锡山说有十三太保，张荫梧便是阎锡山十三太保之一，保定军校毕业的，阎锡山这一批人马大都是保定军校的。张荫梧在国民师范时对学生特别好，特别照顾，让许多苦孩子也能够没有后顾之忧地学习和生活。尤其是他教育思想非常开明，不仅为阎锡山培养人才，还允许山西境内的共产党进来学习。当时在国民师范学习过的学员后来不少都成了共产党的将领统帅，比如徐向前等，都是国民师范的，都练过武术。

张荫梧在国民师范的时候，任的是教务长，还担任了其他的一个什么职务。他喜欢武术，非常积极地推广武术，是王俊臣的徒弟。国民师范第一个武术教师就是张荫梧，他亲自教，还写棍术和拳术讲义，编形意拳教材，由国民师范自己印刷分发给学生，有棍术、拳术等教材，这应该是在学校里头最早印发的武术教材了。后来因为军队的事务多，他顾不上教授，便请他的师父王俊臣来国民师范教武术。

张荫梧

王俊臣，名庆丰，字俊臣，河北人，拜张占魁、李存义为师，也是刘奇兰的徒弟。现在武术界都知道韩慕侠打俄国大力士的故事，这只是其中一个说法；还有一种说法是王俊臣打的，打的是俄国大力士康泰尔；还有人说是王子平打的。反正听起来，好多人都打过这个大力士。到底是谁打的，没人知道，但过去有很多人说是王俊臣打的。民国二十年（1931年）前后出版的《国术名人录》里面也有记载，这本书是一个姓金的韩国人写的。王俊臣因为传人少，后来慢慢地也就没人知道了。

王俊臣在国民师范教了一段时间后回乡探亲，在途中被人暗算，死在了旅店里。王俊臣死了以后，张荫梧就聘请了李存义的次子李彬堂继续来教。其实李彬堂是李存义的义子。李彬堂被请到国民师范之后，不久也死了。关于李彬堂的死当时有好几种说法，常听到的是李彬堂病了以后，回老家养病，回去的路上发病死了。其实不是的，真正的死因我听辛先生他们都说过，也和几位在国民师范学习过的老师父确认过。当时李彬堂在国民师范的时候，表演大杆子，让学生们拿大杆子顶在小腹上，练丹田腹打，几个人拿着根大杆子一块儿用力，顶在李彬堂小腹上，

张荫梧画像（阎子龙绘）

李彬堂丹田一发力便把人震出去。由于常常这么演示，大家也习以为常了。后来有些新学生没经验，拿杆子往李彬堂小腹上顶的时候，用力不均，杆子头滑到肚脐上，捅进了肚子里，伤了脏腑。后来就一直在调养，但也没有完全康复，民国十二年（1923 年）就去世了，才三十九岁，特别可惜。

连续死了两个教师，国民师范这才把刘奇兰的次子刘殿琛先生从北京请了来。刘殿琛先生的技艺得自家传，技精功深。但刘派的拳很特别，架子很高。据说是因为刘殿琛先生小时候学拳，练龙形老下不去，他父亲生气了踢了他一脚，正好踢在胯上，把胯给踢坏了，所以式子下不去，练的架子挺高，但是功夫很好。刘殿琛先生来太原后，辛元先生便磕了头，将刘先生供养在自己家，跟着学形意拳。可是刘殿琛先生在国民师范也没有待几年就走了，一来是当时太原武术界对形意拳没有很深刻的认识，接受程度也不够。像前面说的，辛元先生闯荡江湖那么多年，还对形意拳有偏见，其他人就更不用说了。而导致刘殿琛先生离开的，是这样一件事。当时太原聚集了各派武术家，所以国民师范的学生见的人物也多，对谁都不服不忿，尤其看到刘殿琛先生文质彬彬，穿着长衫，拿着文明棍，不像是个武人，就更不愿接受他来教拳。有一次上课，就有胆大顽皮的学生跳出来对刘先生说："什么形意拳，难学不说，还不好看，练来练去就这么几下，放不出去力量，完全不能用。"

说是学生，其实不少都是军队里的兵痞子，蛮横的也不在少数。加上过去练拳的人最怕人说这些话，所以刘殿琛先生脸一沉，挽起袖子，把长衫撩起来，说："那就非得让你实践一下不可了，你看能用不能用。"

这学生也是愣，拉开架势就往刘先生身上招呼，刘先生就在这个学生胸膛上给了一个劈拳，打完，这个学生还嘴硬说："没事，不疼。这拳也不过如此。"

刘先生也没理他。等下课后，刘先生把他叫到教员休息室，说："你受了我一掌，也算是对你的惩戒了，以后对师长不要这么无礼。"

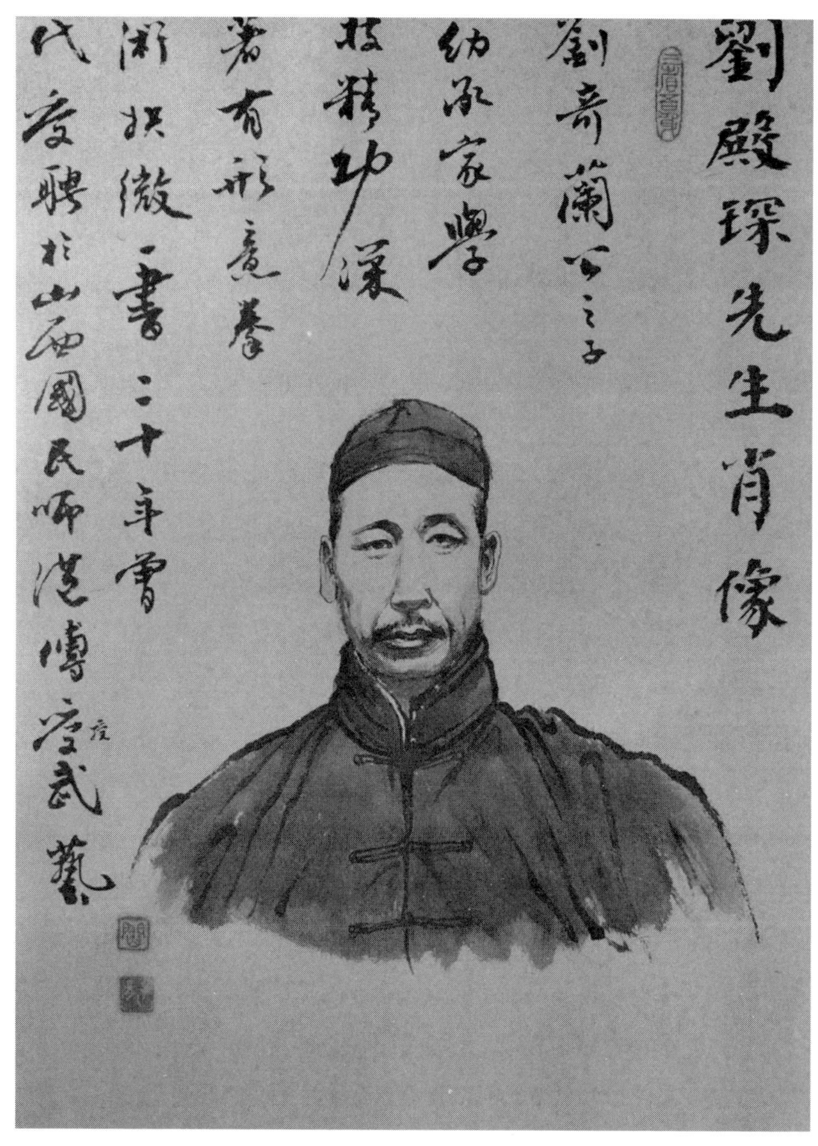

形意拳名家刘殿琛画像（阎子龙绘）

拿起笔开了个方子，递给他说：“回去抓上药，喝上一个月看看，不行你再找我来。”

结果这个学生也是不知道轻重，根本不当回事，完全没把刘先生的话听进去。结果回去后隔了几天，胸膛就泛出来了一片黑青。伤泛出来后，就有同学劝他赶快找刘先生服药，可他觉得就是瘀血，能有啥事，打架磕碰常见的情况。可是隔了一个月竟然死了。死了以后家长不干了，打听来打听去，说是和刘殿琛先生有关系，就追上门哭闹逼问。国民师范的老师和辛先生都护着，可刘先生觉得不好意思，又怕再闹出人命来也麻烦，就悄悄地走了，去了五台山，据说出了家，后来也不知下落。他们虽然在国民师范没有把形意拳推广开，但是却推动了太原民间练形意拳的风气，社会上好多人开始练形意拳。

辛元之气节

辛先生性格特别耿直，大风大浪见得多了，凡是蝇营狗苟之人、不光明正大之事，任你是谁他也会不留情面，敢惹事更不怕事，江湖义气加上军人做派，给人感觉比较刚硬。一般练武的，都会服那些有名望、有辈分的，而辛先生就不，他认为那是盲目信从，和愚夫愚妇的迷信差不多。他觉得文要能动口，武要能动手。武行里头，不动手试试怎么知道高下？怎么让人望风拜倒？所以他在功夫上绝对不会因为谁名声大就服谁，而是谁有真功夫就佩服谁。

山西国术促进会成立后，王新午先生任副会长，擅长太极拳、八翻手，相关的情况在前面已经介绍过，不复赘述。王新午先生当时要求太原市内所有的拳师，凡是教场子的，必须加入这个国术促进会，并且必须向王新午递帖子，不然你在太原开武馆教场子的资格就不受认可。有人是出于仰慕，有人是迫于生活、出于无奈，各有各的目的，也各有各的难处，最后太原市城内城外，包括晋源、清徐一带的拳师，几乎全部都给王新午先生递了帖子。城里头唯独辛先生一人偏不理睬，不要说递

形意拳名家辛元画像（阎子龙绘）

帖子了，他还让徒弟们或私下或公开地放出风去，说："有本事把我打了，打不了我就不给你递。"

一方面，辛先生有功夫和江湖上的名声在，一般练武的人也忌惮；另一方面，辛先生与李德懋、阎锡山等辛亥革命的将领关系也很硬，王先生还真不能把他怎么样，也就不了了之了。因为这件事，在太原城里不仅辛先生觉得有面子，便是那些弟子们也个个扬眉吐气。

对国内的政要、武术界的大佬是这种态度，对日本人也是同样的态度，这就是辛先生的为人和秉性。太原沦陷以后，日本人把杏花岭强占了。阎锡山政府时期在杏花岭聚集的拳师和武术家并没有完全散去，还延续着练武和教场子的习惯，只不过被日本人监控着。当时演武场周围到处都有日本人站岗，别的拳师，原本地位捧得挺高的，或者功夫很了不起的，要么远远地躲开日本人，要么暂时隐迹潜踪，不敢再开馆授徒，或者干脆悄悄潜出太原城到外地谋生。只有辛先生不仅照样去演武场老场子练拳，而且以前怎么着，日本人来了他还怎么着。有的中国人见着日本人都是点头哈腰，辛先生从来不，见了日本人从来不打招呼也不低头，昂首阔步，背挺得直直的。日本人也是奇怪，辛先生这样瞧他们不起，他们反而对辛先生越发尊重，总是客客气气的。后来日本人请他教一些军官和士兵中国武术，辛先生想也不想直接拒绝，别人替他捏一把汗，有徒弟悄悄劝他不必这样，他把烟袋往桌子上一摔，瞪着眼睛就骂："老子不怕，做甚也不做孬种。小鬼子能把我咋？大不了脖子上再多条疤！老子身上的疤还少吗？"

后来我问过他，知道他确实不怕，不像有的人是做做样子，而当时日本人确实也没把他怎么样，这就是辛先生的气节。反观那些阎锡山在便媚阎、日寇来便媚日的"名家"，真是云泥之别。

辛元与胡耀贞

辛先生瞧不起有名无实的，也不畏惧名震江湖的，有机会便会亲自动手较量，一定要试验一下对方的真假底细，这从某些方面来看也可以说是好斗。当时在山西武术界，和辛先生交手切磋过的人太多了，其中有几位都是声闻天下的人物。前面说到刘东汉先生的时候，说了辛先生不服气刘东汉“跺跺脚就把太原的地抖一抖”的话，鼓动徒弟们去把刘东汉打了。刘先生羞怒交加离开了太原，回了河北老家。后来胡耀贞先生在报纸上登出告示，说要以武会友，不论是哪里的好武之士，只要能打动他，他就“要盘缠给盘缠，要名声给名声”。敢说这样的话，胡耀贞是何许人呢？胡耀贞是山西榆次人，形意、太极都颇精深，还是道家龙门派传承（霍成广老道的徒孙，彭廷隽的徒弟），痴迷于内功丹法的研究和练习，尤其精于医术。医馆门口挂着“以武会友”的匾额，开药方落款也不写自己名字，就写“胡一侠”三个字，以示兼职行医，志不在此，也是个奇才。积久功深，可能胡耀贞先生自己也想知道自己达到什么程度了，所以才有登报广求豪杰印证的事情。但是话一传出来就不好听了，山西武术界很多人都觉得被小瞧和侮辱了。尤其像辛元先生这样的刚直倔强的性格，一下子就火了。客观地来说，胡先生的桩功加上太极、形意的辅助，一般人真的动不了他。可是话说回来，练拳不是站在那儿，人家打不动你就算你厉害，这其实是一种江湖习气的表现，并不是真正的拳术，或者仅仅证明你有功夫而已，不能代表你的拳术多么高明。我后来也和胡耀贞先生学过，也是胡先生的弟子，若要客观地评价胡耀贞先生，我觉得他江湖习气很重。胡先生的这种江湖气和辛先生的江湖气不一样，辛先生的江湖气是愣、横、刚直，但不会骗人，没有欺世盗名。胡先生的这种江湖气则表现在他有时会借助一些手段、势力，或者借一些平台环境去炫耀显示自己，带有一种虚荣成分，或者说是以技艺欺人的成分。但这是受时代风气的影响，也是以前武术界常见的习气，而胡先生的本领可是真本领、大本领，绝非一般人说的“江湖”。

辛先生看不惯胡先生这样的言语做派，就带着徒弟，拿着报纸应约找到了胡先生。辛先生让徒弟上前去打，确实不容易打动，但打不动就晃，最后胡先生还是动了。被打动以后，胡耀贞先生没有办法就离开了山西，去了北京。胡先生被迫离开太原，反倒成了一件好事，成全了胡先生。胡先生一到北京就出了名，因为在当时的北京城，没人打得动他，号称一指定乾坤，就是用一根手指把人一推，便放出去了。后来胡先生在北京的门人也爱这样，打人就爱把人弹出去，加上了某种表演的夸张成分。说到底，他们的这种表演，根子都在胡先生那种炫耀欺世的江湖习气上。其实，在胡耀贞先生那儿，是真有这种劲，有点那个意思，也真也假。胡先生拿这些把戏唬唬人，多是为了炫技，若真拉开架子打，又是另外一回事儿，用的是真功夫，分得清清楚楚。而很多模仿他的人却拎不清楚，把江湖把戏当作实在功夫，一动手就出乖露丑、穿帮漏气。关键就在于胡耀贞先生有实实在在的真功夫，并且功夫要比这类人高明得多。而模仿他的人远远没达到那个层次，也学胡耀贞先生炫技、展示，不探究胡先生的真本领，结果沦为了表演和笑话。

既然说到了胡先生的“江湖习气”，我再说一个亲眼见过的例子。当时胡先生也住在桥头街，离我家很近，有一次我跟随几个武术界的前辈和师兄到胡先生家里去。到了胡先生家，有人请教胡先生如何发人。当时的房子不像现在利索宽敞，胡先生家进房间就是炕，除了炕，放上一两把椅子也就没多少回旋的余地了。见有人请教，胡耀贞先生从炕上起身下到地上，指着炕前的一块空地方说：“你站这里。”

那人背对着炕站定，与胡先生搭手，胡先生抬手便把这人放到炕上去，反复几次后，年轻人都兴奋起来，觉得太神奇了。回去的路上，有年龄大的师傅就说：“逗孩子玩儿的，白来一趟，没见着真东西。”

我不解，回去找机会问辛先生，辛先生哈哈大笑，说：“确实是逗孩子玩儿的。”

见我茫然不解，他又说：“在家里打人，比如你背后的椅子是炕，你面前有人给你力，一打把你打跌坐在椅子上，其实并没有打多远。你后面就是炕，受力后不往炕上倒，往哪里倒？怪不得最近听到人老说胡耀贞一触便把某某扔出去多远，甚至发到炕上去了。这不，全对上了。背后一尺就是炕，被人说成三丈远。”说完又哈哈大笑。我才恍然明白，里面还有这样的心思。当然，我相信依照胡先生的功夫，真较起劲来，一定能把人发出去，而我说这个例子，只是想说明胡先生确实爱使用一些江湖技巧。

辛先生和胡先生冲突之后，我内心一直很不安，觉得里面可能还有我的一些缘故。我常想如果当时我是一个年龄足够大、心智足够成熟、阅历足够丰富的成年人，或许两位先生也不至于这样冲突起来。我之所以耿耿于怀，是因为另外一件事情。因为我家和胡先生家都在桥头街，算是半个邻居，常有机会见面，所以也熟悉一些。加上他是武术界的前辈，我说话也从来不敢不诚实，所以颇得胡先生的喜欢。有一次我在海子边练拳，胡耀贞先生远远看见了，就走过来招招手叫住了我，说："难得见到这样用功的后生，歇歇吧，我有话问你。"

我收住势走到他面前，闲聊了起来。后来他就问我："还没仔细问过你从过的名师都是哪几位。"

我如实说了一下霍宝珊等先生的情况，当时我刚拜到辛元先生门下，就补充了一下说："现在刚开始和辛少轩先生学习形意拳。"

胡先生微微一笑说："辛元光是腰腿好，没功夫，不要和他学，我挺喜欢你这后生，有灵气，你和我练气功吧，不然跟着学这些就荒废了。"

那时候还没有流行"气功"这个词，所以我还没有半点概念。胡先生看着我笑笑："这是我研究的东西，给你看看，觉得好了我教给你。"

我点点头后退了几步，只见胡先生迈开步站了个三体式，定住式停了一会儿，迈步走开，指指脚下让我看，我一看吃了一惊。当时海子边都是土地，不像现在铺着砖或者水泥，我们练拳跑步都是在这种裸露的土场子上。胡先生刚站过的地方，展展的两个脚印，陷在地里有一寸许，我看得目瞪口呆，觉得不可思议。当时我还是个十来岁的孩子，哪里见过这样的事情，立马说愿意学。并且也没有个成算和忌讳，回去见了辛先生就吵着要学气功。辛先生说："甚是气功？哪里听来的话？"

我就把海子边胡先生的话和脚印的事说了一遍，说得太兴奋了，把胡先生的原话也说了。辛先生听完当时脸色就变了："说我只是腰腿好？！跟我学就荒废了？！背着我，当着我徒弟的面这么糟蹋我，辱人太甚！”

我观察辛先生的脸色和语气，心里咯噔一下，觉得自己也算是个读书的人，怎么转述话也没个剪裁呢？怎么就没个轻重呢？就算我再没有社会阅历，也知道辛先生心里记住胡先生这次说的话了。后来胡先生登报印证的事一出来，辛先生就和胡先生发生了直接的冲突，胡先生也因此离开了太原。我不知道在辛先生那里这两件事有没有关联，但我一回想起来心里就很不安，几十年了，常常反省。

当时我还是孩子心性，看辛先生并没有反对我和胡先生学习，就逐渐和胡先生学起了气功，日积月累的还学了很多。主要学习内丹、气功及相关功法。后来辛先生反对我专门弄气功这些东西，我很不理解，现在已经过去七八十年了，回头想想，辛先生并不是否定气功，而是反对舍本逐末。因为通过练拳，比如站三体式、练五行拳，本身就能练出这个内劲，内劲是通过合理顺遂的姿势、身法，加上与意识的相合而自然生出来的，不是刻意地强调这个东西，更不能着意地去炫耀这些东西。可惜辛先生去世六十余年了，我才理解了他的苦心。只恨当时年少不更世事，常轻视根本而追求一些枝叶。

不论是刘东汉先生的事，还是胡耀贞先生的事，辛元先生先后两次把在太原放大话的名家赶出了太原，或者说因为辛先生的两次使横，刘先生和胡先生都被迫去了外地。在山西武术界，尤其是年轻一辈的武术爱好者心里，辛元辛少轩一下子就成了名人。本地的都觉得扬眉吐气，慕名来学的人越来越多，影响也越来越大。徒弟们越来越多，再加上年龄一上来，人那种自我约束的意识就放松了，说话有时候也随意起来。后来就发生了另外一件事，就是辛先生和薛颠也呛上了，两个人也约着动过手。只不过当时不许有人在场，动手的结果如何，一直是个谜。事情是这样的，当时薛颠在山西武术界还不怎么有名，因为他当时是一贯道山西教区的“大掌柜”，在天津和太原间往返，主要精力都用在了一贯道上。他不参与武术界的事情，武术界的人也不怎么关注他。现在人们认为他名声响亮，都是后来书籍和媒体的宣传的结果。薛颠和武术界的交集在于，一贯道的信徒中有很多武术家，太原有很多武术家也加入了一贯道，但是武术家加入一贯道只是为了信仰，并不是为了武术的切磋和交流，不像武术组织一样。辛先生本身就不信邪，不相信那些神神道道的事情，加上一贯道还利用封建迷信欺骗老百姓，辛先生就更反感了。在一些场合就针对一贯道、针对薛颠说了一些批评的话，比如说薛颠"不务正业，不以武艺自立、建功立业，却故弄玄虚，借封建迷信的把戏诱骗愚夫愚妇，欺世惑人。给李振邦先生丢人"。平心而论，这些话都是正理，但有心的人就把这些话掺杂起来在中间挑拨，薛颠脸上就挂不住了，也生气起来。但是，薛颠一来是顾忌自己在一贯道信徒中的形象，二来可能是吸取了刘东汉先生和胡耀贞先生的教训，他没有公开约辛元先生动手，而是让中间人找了个地方，各自带的信众和徒弟们都在外面候着，不许进去。后来二人出来，谁也没说什么。只是从那以后，薛颠对辛先生很客气敬重，辛先生也不再评论薛颠的长短。辛先生晚年说起薛颠的时候，对薛颠参加一贯道还是很惋惜，但对薛颠的功夫很是钦佩。大约在 1953 年，因为政府清查一贯道，登记在案的道首、点传师、坛主一并被捉拿审判，坛口被悉数清除，薛颠也因此殒命。我想这也是辛先生不愿意看到的结果吧。顺便说一下，现在我们说的一贯道，在当时还不叫一贯道，叫作金丹大道。打着道教的旗号，其实夹杂了很多邪教的成分。

孙禄堂

辛先生不服气、不畏惧、刚直耿介的个性，真是无以复加，除了上面说的事情外，还有一件事情也可以证明。在孙禄堂先生来太原的时候，别人不管虚实，尊重的报以欣喜，不服的也隐忍沉默。而辛元先生不然，他一定要试探一下孙禄堂先生的底细，不然不会轻易服气。据辛先生和一些年长的师兄弟说，孙先生来山西本意是到太谷拜访一些形意拳的前辈名家，因为在形意拳的传承上，孙禄堂先生是李奎元的徒弟，李奎元又是郭云深的徒弟，并且山西是形意拳的中心，外省的形意拳高手历来有来山西访学切磋的传统。比如在孙禄堂先生来之前，我知道的有河北的李存义、王福元，都来过山西，他们都是刘奇兰的徒弟。

孙禄堂先生是民国十三年（1924 年）来的山西，当时他已年过花甲。有人说当时是郭云深与孙先生一起来的，都是无根的传闻。据辛元先生说，孙先生来到山西，是要拜访形意名家宋世荣先生。到了太原后，就暂住在董秀升先生家里，纯阳宫十四号，准备休整一下就去太谷拜访宋世荣先生。可当时宋先生在介休步二团任国术教师，不在太谷。孙禄堂先生便调整了计划，准备直接去介休拜访过宋世荣先生后再去太谷。可准备动身的时候，被董秀升先生留住了。孙禄堂先生就暂时改变了去太谷的念头，干脆先在太原留了下来，寓居在董先生家里，开始拜会太原城里的拳师。

我当时还小，还没学武术，没见过孙先生。但我的师兄们都亲眼见过孙先生的功夫，后来他们说起的时候，眼睛都是亮亮的，脸上洋溢着激动和敬佩之情。在师兄们讲的孙先生的故事里面，有这样一个插曲令我印象最深刻。因为当时董秀升先生和辛元先生交好，又是形意拳的名家，所以一天董先生就带着孙禄堂先生来辛元先生家拜访。这是一件大事，所以辛元先生提前就把弟子们中练得不错的都叫来，意思是让大家都见见大名鼎鼎的孙禄堂，开开眼界，和现在年轻人追星的心情一样。所以那天我的师兄弟们，练得好的、练得不好的，一窝蜂都到了，满满一院子人，站得整整齐齐迎接孙先生。等孙先生到了辛先生家里，分宾主先后进主房，进门的时候，张鸿亮师兄为孙先生、董先生他们撩着帘子。就在孙先生前脚跨进门槛还没落地，后脚脚跟离地，只剩前脚掌踩着地的时候，张鸿亮师兄抬腿就是一个绊子。不知道是张师兄想私自试试孙先生的武术，还是辛先生授意试探，每次我追问起张师兄，他都笑笑不说话。就我的判断，在那样的场合，没有辛先生的授意，师兄弟们是不敢造次的。辛先生这种性格的人，让学生试孙先生的深浅，也在情理之中。反正不管怎样，张师兄说，他的脚刚接触到孙禄堂先生的后脚，孙先生后脚一弹，张师兄就从门口飞到院子当中去了，不松手的话把门帘子都会拽下来，院子里站的人还不知道咋回事呢，只听辛先生在里面吆喝了一声：“外面待着，别进来了。”

等几位先生茶叙完毕从屋里出来的时候，辛先生就说：“你们这些后生，不知道天高地厚。不过孙先生同意让你们开开眼，有谁想向孙先生请教的，就站出来，其他人往后面站站，把院子空出来。”

张鸿亮师兄莫名其妙地被弹开了，正觉得不服气呢，听到辛先生这么说，第一个就站出来。其他师兄弟一看大师兄站出来，也仗着胆子起着哄出来了几个。董秀升先生来的时候也带了几个徒弟陪同，他们看董先生笑吟吟的没表示反对，就也站出来几个，剩下的人就自觉躲开了。据张师兄说，当时他们先是单个儿上，结果个儿挨个儿地全被孙先生撂倒了，根本不知道怎么回事就出去了。后来他们几个人一起围上孙先生，还是不行，你根本看不到孙先生是怎么动的，几个人就全躺地上了。大家看得目瞪口呆，心服口服。等孙先生离开之后，师兄弟们兴奋地议论着刚才试手的场面，张师兄说：“这是明事儿，都看到了还不算啥。我还有一个暗事儿，那才叫人佩服呢！”

就把门口使绊子的经过说了一遍，兄弟们才恍然大悟，一个个伸头咋舌，不住地说：“怪不得呢，正奇怪师兄正撩门帘呢，怎么一眨眼到了院子中央了。”

整个门里的人都对孙禄堂先生特别佩服。

孙禄堂先生在太原逗留了月余，然后去介休访问宋世荣先生去了，在宋世荣先生那儿盘桓了一段时间。据说在介休的时候，孙先生又萌生了去太谷的念头，宋世荣先生劝他说：“你这已经成名了，练得也好，就没必要去了。遇到客气的，点到为止，和和气气；遇到愣的，还不得伤和气。”

尤其说到了李复祯，小名常有师傅，擅长鸳鸯脚，个子虽不大，但是出手不留情面，五花炮、绞稍子、连二虎扑子、崩裆脚，专攻人的要害门面，又准又狠，防不胜防。多少名家好手来山西，都坏在了李复祯手里。

过了一段时间孙先生便走了，没去太谷，也没再回太原。孙先生离开山西的原因，外面的人都说是李景林在北京来信，催着孙先生早点回京。而山西的武术界都说是孙先生在山西越停留越有点忌惮，甚至直接说是忌惮常有师傅才离开的，其实当时常有师傅已经很大年纪了。各有各的说法，现在也没法证实了。

拜入师门

由于我父亲早年和王福元先生学过形意拳，辛先生也和王福元先生学过形意拳，所以两个人本身就认识。父亲又请了一个中间人，也是和王福元先生学过拳的，约好了日子，带着五色彩礼就去了辛先生的府上。长辈们叙论起来，都很亲近，辛先生很爽快地答应了。然后定了个好日子，在清和元订了酒席，行了拜师礼。以前的拜师礼很隆重，大家都很重视，不光给师父磕头递帖，还要有递帖礼，没这个就是空帖。递帖礼毕，再和同门师兄弟们相见序齿，见个大小，这就是基本完整的拜师仪式。当时辛先生六十四岁，已经弟子成群，我才十几岁，按照常理，我这样年纪的“小徒弟”人家是不会要的，但由于我父亲的关系，加上辛先生也喜欢我，我就做了辛先生最小的徒弟，也是他老人家的关门弟子。民国三十一年（1942 年），我正式入了形意门，成了“惟”字辈的弟子。

拜师礼后不久，我就开始和辛先生学拳。这个时候，以辛先生的年龄、身体状况以及威望，不可能再请到家里来教，加上我年龄也不小了，可以自己去师父家学习，所以我主要就是在辛先生家里学习。一开始还有人陪我去师父家，后来我就一个人去。每次我都会早早地到辛先生家，早到的时候就在大门外候着，到了约定的时辰，才敢去敲大门。走到辛先生住的那进院子，还要再等一会儿，确定先生是不是起床了，是不是洗漱过、用过早餐了。然后再进门，进到先生房间先行礼请安。常常去请安的时候辛先生还在炕上躺着。因为从小叫教我读书识字的老师为

"先生"，叫霍宝珊先生为"先生"，一直觉得叫"师父"很别扭，所以我没像其他师兄弟那样叫辛先生为"师父"，平常还是叫"先生"，辛先生也不介意。

一开始去的时候，辛先生在炕上躺着，我行礼说话，他也不理我。父亲说："辛先生近年身体不太好，他需要常卧床调养。另外这也是考验你，反正不管先生什么态度，你就给我恭恭敬敬地站着等人家，不要给我造次。"

每次我就站着等，等啊等啊，他就睡，不睡的时候也不理我，也不动，就在炕上闭着眼躺着。这样过了好长一段时间，有一天我站在那里心里正郁闷，辛先生突然问我："想学点啥啊？"

辛先生没睁眼睛，眉毛挑起来动了几下，我一时不知道该怎么回答。他接着说："你以前不是练过吗？你练练吧，我看看。"

在他炕前，我把自己觉得得意的东西拉出来几个架势，走了几个动作。辛先生看了又闭上了眼，说："这没用。"

然后又不理我了。我心里更郁闷，这些动作里有少林拳，有太极拳，辛先生竟说这没用。想起霍宝珊先生是那样和气慈祥的师父，辛先生的态度让我很是沮丧，除了个人的委屈之外，还觉得自己给霍先生丢脸了。下一次再去，看他还是不理我，我就自己主动说："师父，您问我想学点什么，我想了，我想学学您的炮捶和通背。"

辛先生说："你还算识货，通背是我成名的本事，炮捶是和于鉴先生换艺换来的，都是货真价实的好东西。不过你先不要练这些，你练形意拳吧。"

说完下炕给我摆了个三体式，说："你练这，这个好。"

我照样站了，他给我正了正身体结构，说："站着吧，别动。"

从这次之后，每次去一样是不理我，我就摆好三体式站在那里，隔一段时间捏捏架子，改改结构，隔一段时间再调整一下，除了三体式啥也不让干。

后来学校功课多，我上午不能去辛先生家学习，就改成下午放学后去。后来又只有上午有课，下午没课，如果没有特别的事情，索性整个下午都待在辛先生家里。连着一年多，天天去了没别的，就是练三体式。先生其他的也不教，也不吭气，他在炕上躺着，我就在那儿站着。什么时候他躺累了，也就是翻个身，和他说话还是爱理不理。如果是旁边有其他师兄弟或者别人在的时候，他和别人说话也不和我说，就让我在那儿站着。我不敢动，也不敢有什么情绪，回去的路上就胡思乱想，越想情绪越低落。觉得天天下午这么跑来站着，太枯燥，实在是不想练了。但是又觉得想学形意是自己和父亲要求的，当时要学好的决心也是自己下的，现在师也拜了、头也磕了，如果不学了，这也太丢人，和谁也没法交代，只好硬着头皮继续站。站着站着突然有感觉了，功夫就在不知不觉中打下了基础，那是实实在在下的功夫。比如大冬天站三体式，那时候家里最多一个煤炉子，哪里有暖气、空调这种东西，穿的又是既笨又厚的棉袄棉裤。刚到辛先生那里，感觉房间比院子里还冷，先生盖着棉被靠在炕上，我站在那里。一开始手脚冰冷，过一会儿便会浑身热腾腾的，继续站就会出汗，汗出得越来越多，顺着里面的衬衣和衬裤往下流，棉袄、棉裤底下滴着汗水，水又在裤脚变成冰。这个过程我一点也不郁闷烦恼，反而身心愉悦，发自内心地兴奋。外面冰天雪地，而我这里指尖春满；窗外一片肃杀，我这里生机盎然。我甚至想喊叫出来，想蹦跳起来，但我依然安安静静地站着，辛先生他老人家也安静地躺着，偶尔瞥我一眼。从清晨戴着日光来，到黄昏顶着星光走，我们甚至不说一句话。从一开始觉得枯燥、觉得难熬，到最后觉得享受、觉得欢喜，我也不知道这个变化是如何完成的，也不记得是什么时候完成的。总之有一天，先生坐在床上看着我哈哈大笑，我也哈哈大笑。那一刻，先生的一切我都懂，而我的一切先生也懂。那天回去的路上，像要下雪的样子，街上几乎没有人，偶尔有一辆人力车经过。我腿肚上的肌肉还在突突地颤抖，手臂的酸麻还没有消除，但我觉得很幸福，一路上泪流满面。现在我也老了，九十多岁的人，以前的好多事情都记不得，但是还时常想起先生让我站三体式的情形。有时候做梦也会梦见先生教我站三体式，在先生家里面，他在炕上躺着，我在地上站着。他不动，我也不动。唉，我的恩师啊，辜负你了！

师父、师娘和师兄弟们

那段时间让我记忆深刻，下的功夫也对我实实在在有帮助。站了一年多三体式，算是把桩功练出来了。但是要说有什么感觉、自己的感觉对不对，辛先生也不说。过去人教拳可不像现在，师父喊着让你记住这个记住那个，徒弟一个动作都做不到位，还天天追着师父让讲用法，追问些玄秘不可说的空理。过去教拳，师父教徒弟，我怎么练你就得怎么练，必须和我练得一模一样，要是走了样，就不算是我的徒弟。而不是我怎么说你怎么说就可以了，说有什么用？最起码是师父在的时候看你练，必须和师父一样。至于将来徒弟出师了，甚至超越老师了，找到最核心的东西，当然可以变化，并且这时候的变化等于不变化。所以变化是允许的，只是看火候，看层次。实际上来说，大部分人或多或少还是有变化的，否则就没有那么多流派了。但是师父教的时候，没出师的时候，必须先学师父的样子。所以辛先生当时其实只有一个要求，他让你咋站你就咋站，什么也不要问，站着就对了。

这是和辛先生学习的第一年，在这一年里我们虽然交流不多，但是却莫名其妙地熟悉了，也逐渐地相互习惯。从第二年开始，辛先生时不时问我几句学校的情况，兴致好的时候也坐起身来和我聊会儿天。但是整体上来说，辛先生给我留下的印象就是话很少，好静不好动，没事儿就在炕上躺着。睡觉不睡觉都会把一条腿扳起来，脚枕在头下。枕一会儿左脚就换右脚，枕完右脚就换左脚。或者左侧睡就枕左脚，右侧睡又换右脚，这么轮换着。

来辛先生家里学习的时候，师娘一般不进来，在别的房间做针线或者别的事情。在站桩辛苦的时候，我最盼的就是师娘进来。师娘是满洲人，老太太很精神，不像我祖母和母亲那样裹着小脚，她是大脚板，性格特别好，对每个师兄弟都特别温和。看到师兄弟们来了，不论是谁，师娘都会说："哎呀，不要站在那儿，坐、坐、坐！坐在炕上，坐在椅子上。吃枣子，嗑瓜子……"

师娘一进门就张罗着让我们坐啊吃啊，但是辛先生不吭气，我们谁也不敢坐，谁也不敢吃，大气都不敢出，这是规矩，也是我们对先生的敬重。看到我们这样，师娘就会骂辛先生："你个病老头儿，把孩子们管成木偶了，让孩子们怕你就这么好吗？"

先生没办法，就摆摆手，说："坐会儿吧！"

让我们坐，但依然谁都不敢坐。辛先生看我们不敢坐，本来是躺着的，便起身靠坐着。就算是先生坐起来了，我们也不敢坐，当时的规矩就是这样。师娘就会继续责备先生，辛先生皱皱眉，对我们说："赶快坐一会儿，别让你师娘再唠叨我了。"

我们才敢轻轻地坐在椅子边上、炕沿上。

所以后来只要是师娘进来了，让我们坐，我们就坐。给点瓜子啊、糖啊，倒杯茶水啊，我们也就敢吃一口喝一口，趁机休息一会儿。所以我站桩或者练拳辛苦的时候，就盼着师娘赶快进来。奇怪的是，师娘也像是算准了似的，每到我们觉得累的时候，她就会提着茶壶出现。师兄弟们心里都明镜似的，都知道这是师娘心疼大家，所以都格外感恩和孝顺师娘。

当时这些师兄们平均年龄都在三十岁上下，我是最小的。其中练得好并且出名的就是郭培云师兄，后来在大同、内蒙古这些地方活动，给辛先生开出一支，算是同门中的豪杰了。练得最好、和我感情最深的是张鸿亮师兄，张师兄也是辛先生最得意的一位徒弟，当时张师兄已经工作，是清和元后厨的大师傅。因为这个职业的缘故，每到中午或者下午，张师兄都会提一个食盒来辛先生家。打开食盒，里面有锅塌羊肉、黄焖丸子等，闻着香，看着馋。天天如此，啥好吃的都给送到先生府上，孝顺先生和师娘，所以先生教的东西也多，这也是人之常情。反过来看，张师兄也学得扎实。不像有的人，老师教得多，自己得到的少，或者老师教了也嚼不烂。张师兄是老师给多少，他就想办法做到多少，实在是辛先生门下的颜回。不过张师兄有一个习惯，无论怎么说就是不练形意拳，辛先生咋说他也不练，就专门练炮捶、通背、长八卦、母子捶和长拳，兵器就是喜欢大枪。让他站桩、打五行拳，他觉得枯燥得不行，但你让他敞开了练一趟炮捶，他立马来精神，在院里的土场子上练开炮捶，地还抖呢，窗户都嗡嗡的。张师兄块头特别大，又高又壮，可惜一辈子没结过婚，没个后人。

除了辛先生的弟子门人之外，常来辛先生家的还有董秀升先生的弟子们。董先生去世以后，他的那些徒弟，像刘毅、李桂昌、李锦文，还有穆修易的徒弟张安泰、国民师范的庞维国等，都常去辛先生家，也都和辛先生学过。这些人里面就有一个特别的，我们姑且称呼他为“金丹先生”吧。此先生经常琢磨一些神神怪怪、自欺欺人的东西。他喜欢干啥呢？新中国成立前在辛先生家，一会儿要练内丹，一会儿要练这，一会儿要练那，总之已经脱离了基本的拳术理性。当然，他理解的内丹和正经的道家及咱们现在理解的都不一样，他认为肚子里真的有一颗丹，能成金丹大道。他不仅仅当时这么想，后来还教人，这种想法不知道害了多少人。金丹先生在辛先生那里就说自己肚子里这个东西在转，那个东西在行，一会儿这里的气凝结了，一会儿那里的气又融化了。辛先生看在他师父的情分上也不理他，任他在那里胡扯。等他走了之后，辛先生就和我们师兄弟说：“不要理这个人，走火入魔了，胡说八道，别是加入了一贯道这种邪教，受了蛊惑。”

后来有人一打听，果然这位“金丹先生”入了一贯道，还是很狂热的一分子。新中国成立后政府清理一贯道，他在朋友和徒弟的保护之下躲过一劫，本应该洗心革面了，谁知新时期之后，趁着社会上气功热的时机，立马把民国时候一贯道那些脏东西又拿了出来，糊弄了不少人。他甚至杜撰家世，把一个受苦的硬说成富商家庭，弟子徒孙也传颂在口，不仅不怕出丑，反而暴得大名。果然是物以类聚，渣滓浮泛，这类人无论什么时代都像逐臭的苍蝇一样成群聚堆。从拳理上讲，我们承认内家拳有很多神妙的地方，但毕竟都是人，要实事求是地去说。虽然通过“技”可以“近乎道”，通过拳术的练习可以达到某种神妙的层次，在这个层面上内家拳可以说是道的一种载体，一种表现的形式，但它首先是一种技击艺术，而不是魔术法术。

三体式

站桩到第二年，辛先生开始教我五行、十二形、五虎刀，然后陆陆续续教了好多东西，这才扎扎实实地学了点功夫。不过应该向学生和社会说明白的是，我的通背、炮捶、母子捶，都是从师兄张鸿亮那儿传下来的，辛先生并没有亲自教这些。因为辛先生一开始看到我少林和太极的基础后，就不主张我学这些。他反对一边演示动作一边讲解，他说：“口开神气散，边练边说，损人元气。”

所以他要么就只说不练，要么就只做动作不说，绝对不会边练边说。而且一个动作最多只练三遍，你要是学会就罢了，没学会就对不起了，不会教第四遍。你自己想办法，或者下次学新东西的时候再请求请教，他才再告诉你。你要指望当时一下学会，那是不可能的。辛先生的身体和性情这么特殊，所以我能把五行、十二形学完，真是很不容易。另外，虽然学下来了，但是我当时的兴趣却不在这上面，不太喜欢练，毕竟当时年龄还小，总觉得这东西比较枯燥。等后来练得越来越深入了，才了解到其中的真味。

辛先生教形意拳，首重站桩。桩功里面辛先生又首选三体式。他形意拳的精髓是受自刘殿琛，所以刘派的三体式又是首选中的首选。刘派三体式有这样一些特征，首先是小臂一定与地面保持水平，整个手臂呈一百三十五度。前胳膊肘一定是拧着的，肘子往里合，腕子往回扣，小臂形成一个拧劲。再一个，三体式也好，五行拳也好，劈、崩、钻、炮、横无论你怎么用，肘窝这个点始终不动，假若肘子一翻，劲就散了。其次就是胯正肩斜，腰动胯不动，让背部也形成一个拉力。不是常说“鸡腿龙身熊膀虎抱头”吗？鸡腿，一是说要形成一种夹力，膝盖的合力，鸡腿要有个裹的力量，腿往里裹，小臂也是往里裹，道理一样；一是说重心有虚实。龙身呢，要做到三折，胯必须吸回去，形成腿、身、臂三个折。龙身也要腰动胯不动，叫作扭身吊膀，形成一个整体。身法上很注重拔背，不能练成驼背，其关键在于胸要提，肩要往开拉，背才能拔。辛先生很反对驼背，说力由脊发，脊柱不展，力就不能通透，于身体也无益处。至于气，辛先生没有通过三体式进行明确的阐述。其实，格式对，气路自然就通了。而且在当时的前辈中，不只辛先生一个人不讲，很多老先生都不讲，哪像现在的一些书，一说到内家拳就是气啊什么的。

其实，三体就是三才，三生万物，是多的意思。“三”为变化之母，它本义是这个，并不是后来人们所说的什么前体、后体、上体、下体、左体、右体、总体，真是不知所云。拳谱里面早就说得很明白了：“道自虚无生一气，便从一气产阴阳，阴阳再合生三体，三体重生万物长。”本身三体式就是其他式子的母式，变化之母，是这个意思。三体式在人体上、在拳术上就是“三节”：根节、中节、梢节。口诀云：“明了三节多一力。”就是说如果明白了三节的道理，发力时自然能打出整劲来。从实战角度讲，三体式的步子是更接近实战的一种步伐，全世界的格斗姿势基本上都是一手在前，一手在后，两脚前后分开，不会站成马步。祁县戴家蹲猴式是并着脚站，练拳基本上是弓箭步。但是三体式是双腿前后分开，重心要么在后腿，要么在中间，绝不往前腿放，没有弓箭步，并且两腿都是弯曲的。而且从手上看，三体式和戴家蹲猴式已经有了本质的区别。从拳术实用性上讲，三体式本身就是一个很大的进步，过去的武术门派里面很少把一个动作作为桩功。选三体式做桩功，除了出功夫快之外，也因为它还是最接近格斗状态的一个式子。依照老拳谱，这叫“鹰捉四平，足下存身”，又叫“展开四平前后梢”。“四平”是四平架，古人一实战就说先拉个大四平，三体式是最像四平架的架子。

在20世纪80年代前后，有一位吴殿科先生考证三体式，说是李洛能在太谷银号里面看到有店伙计骑在木案上用夹剪剪银锭，受到了启发，才发展了三体式，所以三体式也叫铰银步。说实话，这个是牵强附会了。这些年举国重商，有些人如傻似狂地追逐着钱和利，安徽人就只知道徽商，山西人要不说说晋商就好像没文化一样，什么都要和晋商、票号挂上钩，好像山西这几千年的文化精华都在票号里，实在是斯文扫地。现在讲个拳术，讲个桩都要和晋商联系起来，这种赶潮流、蹭热度的做法，看似抬高了前辈们的武术，其实是贬低了整个武术界。形意拳拳理精妙，动作简洁，实战性强，之所以能广泛传播，和拳术的自身优点还有那个时代有关，有没有商人都会流传和发展，不要什么都和晋商扯上关系。

辛先生讲五行拳，最是言简意赅，形象生动。他用五个圆来说明五行拳，说好比身体前头有一个大球体，在这个球上有五个不同方向的移动轨迹，这就是五行拳力的轨迹。比如身前立圆由内向前向下运动为“劈”，由内向前向上为“钻”，由内向外向前为“崩”，由内向外向上为“炮”，而在立圆中任意一点加以钻翻便是“横”。总而言之，处处不离钻翻，四拳皆由横生。那么身体前面这个球靠哪儿带？当然是靠丹田，由丹田的转动带动外面这个球的转动，内动带外动，外动带内动，内动催外动，外动引内动，是互相的作用，这是一种理解极其简明直截的思维方法。所以练五行的时候一定要有一个意识：圆一定要画满。劈拳是一个完整的立圆，圈不能画半个，练的时候可以分解开，用的时候必须要画完，起落完整一气，才能把人放出去。把握好这个，形成习惯，一收一放，一束一展，说劈拳能把人打倒，一点都不奇怪。往倒里打，往回带；往远里打，往外走，都是这么个立圆。炮拳往上这么一扫，横拳关键在后手，两只手一出一入形成一个循环。五行拳一定要做到所有的圆都形成一个循环，不能成为一个半圆。有人说太极拳打不了人，原因正在于此，大部分人在化完了以后不往外发，化发本身是一体，如果有化没有发就不成一个圆，不能把人发出去。练太极拳如果再有断续，就更形不成一个完整的圆。可惜大部分人只化不放，只完成半个圆。

这是说技术上，五行的另外一个关键点是在接手的时候，肘必须沉下去，小臂必须立起来。举如扛鼎，落如分砖。举如扛鼎，是说肘手用力的方向方法，扛东西肯定不能横着扛，那是扛不起来的。而接手为什么要竖着呢？你看横着接的话接触面这么大，而竖着接接触面就减小了许多，再加上螺旋，对方的力很容易就偏了，这都是有科学原理的。这是外形，里头还要以丹田带动，这个也有很深的意义。为什么要丹田带动？这就牵扯到了先天后天的问题。如果没有里头的功夫，人就做不到这个。要形成本能，合理的结构里头自然有东西。话说回来，里面有了东西以后，才会形成这种自然而然的结构，也是最合理的结构。从外到里，从里到外，有了功夫，习惯就成了自然，就合乎了自然。

辛先生对五行十二形的理解很简要。五行练啥？五行练劲力。十二形练啥？十二形练身法。核心的就这两点——劲力、身法，速度和力量便在其中了。形意拳立意很高，往上说，说到形而上，一个无极式便可以说到混沌未分、阴阳未判之时空、状态、感觉。《中庸》云："喜怒哀乐之未发谓之中。"《道德经》云："常无欲以观其妙。"太极式是"一气生阴阳"，当下便有了虚实，意动形随，有阴阳，但要相合，矛盾要统一，顺逆是互生的，刚柔是相济的，上下是相随的，也就是《中庸》所谓的"发而皆中节谓之和"。然后三体式，是阴阳又生三体，前面讲三体式时说了，"三"是变化之母，拳经所谓"道自虚无生一气，便从一气产阴阳，阴阳再合生三体，三体重生万物长"。《道德经》所谓"道生一，一生二，二生三，三生万物"是也。三体又生什么？生五行。五行者，指金木水火土，五行非是五种具象的物质，而是五种性质，此五种性质在拳术上就是五种劲力。内通五脏，外在表现是五个动作，五种劲力的转换变化，五种运动轨迹方向。其实五行在拳术，是把很多复杂的动作全都浓缩、概括、凝练在五个不同轨迹、不同方向、不同角度、不同劲力的拳势当中，这本身就是一种高度概括，是抽象的思维，是极高明的哲学。就像我们自然界万事万物都可以拿五行去概括那样。现在好多练拳的把套路越变越多，其实是把简单、简约、简明、核心的东西复杂化、表象化了，可以说是一种退步。形意拳的五行十二形立意高就高在这里。

辛先生在五行里最重视劈拳和崩拳，五行里劈拳属金，崩拳属木。金生水，木生火，金公，木母，抓住主要的练。内丹里说水火既济，其实关键在于金木相合。从修养上说金是性，木是情，劈拳和崩拳可以改变性情，这是真的。再从技击上讲，劈拳和崩拳也是用得最多的。

前面说了五行，那么十二形呢？就是远取外物，模仿十二种动物的形象。你只有这五种性质还不行，有了五行以后，便有了《管子》所谓的“虚无无形谓之道，化育万物谓之德”。万物之化育，自然界便形成好多生命，好多生物。而有生命的东西，各有各的长处，这是丹道上强调的先天后天问题。象其形，取其意，如龙形，起伏升腾，从气脉上讲任脉通；虎形，练坐劲，从气脉上讲督脉经。当然任督劲之通之用，也不完全是靠一个龙形一个虎形，看你怎么练。塌腕打的时候，力量在前头，走的是任脉劲，也叫阴劲。如果是挺腕往前下方打，打的就是督脉劲，叫阳劲。两种劲打出去效果也是两种，比如阴劲打出去是寸、沾、按、吐……则一个动作当中又分了阴阳，有阴阳之别。十二形也各有它的长处，比如猴形是梢节劲，灵活；燕形走的是下势，各有所长。

用性命学说讲，十二形就是远取外物，五行是近取诸身，象其形取其意，而归结到最后用于实战时，辛先生便不说五行十二形，只讲八个字，叫八字功：斩、截、裹、挎、挑、顶、云、领，其实是八个劲力、八个角度。“斩”是劈拳的劲，自上而下，劈拳的劲或自上而下的劲，都可以叫斩。“截”是钻拳的劲，从上往下堵住对方，就好比对方拳来了，在其拳将进未进的时候，以截劲将其阻断。“裹”是横拳劲，无论里横外横，包括掩肘，都属于裹劲。“挎”是崩拳劲，有人说应该是“胯”而不是“挎”，其实稍微思考就可以明白，“胯”是身体部位名称，不是动作、劲路名称。八字功其实是八个动词，所以是提手旁的“挎”字。那么“挎”究竟是什么，崩拳怎么像挎呢？其实说的是打崩拳时，意在后手，不只在前手，有了后手才有前手的打。后手的“挎”是直直地往回拉，从前往后走的叫挎劲。“挑”是蛇形劲，自下而上。“顶”，说的是炮拳，从内往外。“云”，从中心往左右的劲叫云，与太极拳中的云手道理一样。“领”是从前往后打，燕形的这个领手，好多人不看后手，其实是要看后手，有了后手，这个手方是领手，劲往后走。这八个字建立的前提无外乎两个要素：中线和螺旋。无论是往前往后还是向左向右，起的时候都必须在中线。起在中线，落还在中线，那就是燕形。时刻不离中线，鼻子必须找到指尖。鼻子是中，这是点，鼻子与手两点连成一线，出入必须在中线。所谓螺旋，就是拧裹转翻，必须用这个螺旋劲才能保证技术的运用。而有人把五行十二形编成了套路，这是一种固化的思维方法，把好的东西庸俗化、具象化、浅薄化，失去了许多可能的变化，活的变成死的，实在可惜。

辛先生的这些理念和理论，对我帮助极大，不仅让我快速抓住了形意的根本，还触类旁通地明白了太极、八卦的要领，学习起来得力多了。最后用功比别人少，而长功夫却比一般人快得多。辛先生平常对徒弟们要求很多，每个人都不尽相同，常要求我注意的有不少，我把能想起来并且感觉受益的罗列几条，虽然是零碎细节，但受益匪浅。

第一，练拳的时候不能憋着大小便，练完以后不要马上大小便。

第二，不要多喝水，水喝多了伤阳气，亡阳。

第三，练功不让出大汗，大汗伤身体。

第四，教拳练拳绝对不能张嘴。

第五，不能过饥过饱，平时不能，练拳时更不能。

师门星散

跟着辛先生学习久了，慢慢也熟络了，不学拳的时候，辛先生就会讲许多拳理和武林的逸闻。有一段时间，辛先生身体好像恢复了一些，也开始下床教拳。可惜过了不久，身体似乎又不好，慢慢又不下床了。再往后我就感觉不对劲，辛先生不仅在炕上不动，连话也不说了。我很忧虑，回去和父亲说。父亲叹了口气，才把实情告诉了我：原来辛先生早年身体受过太多的伤，包括冷兵器的伤和枪炮伤，当时年轻又为了生计，常年在口外走镖、闹革命，没有恰当保养，身体亏空太多，晚年都发了出来，痛苦不堪。后来就吸上了大烟，虽然可以暂时缓解痛苦，但是长期下来就染上了烟瘾。一开始还可以，收入也高，烟土也容易得到。可日寇占领太原后，辛先生收入大减，消费不起了。再加上后来太原开始禁烟，查得很严，就算是有钱也没地方买。辛先生的身体和精神一下子就垮了，就一直不爱动，无事的时候就在床上躺着，在家里待着，没精神也没体力舞弄拳脚兵器。知道这些后，我才恍然大悟。辛先生一开始那么对我，除了考验我之外，垮掉的身体也让他没有足够的精力给那么多学生演示。还有，一开始的时候我没有见辛先生完整地练过一趟拳，以为他和许多保守的老拳师一样，不愿意给徒弟完完整整地示范功夫套路，还在背地里怪他封建保守。这下全理解了，根本原因就是他的精力跟不上，那么多徒弟，学的东西又各不相同，一人演示几个招式，便把他消耗得不轻。

后来看他越来越没精神，师兄弟们也凑些份子，想办法弄些烟土。随着日寇投降，阎锡山重返太原，社会不稳定，食物匮乏，物资紧缺，市内的经济状况也更加恶化，师兄弟们日子也不好过。没过多久，这点大烟也供不上了。看着辛先生受苦的样子我很难过，就去求父亲想办法。父亲也想办法找各种关系弄些烟土，让我偷偷送给辛先生。这也没维持多久，城内更乱了，真是各家顾不上各家。辛先生的身体就越来越差，下世的迹象慢慢地露出来了，我很揪心，却也无可奈何，就找机会逗他开心，卖力地练拳讨他欢心，可是后来他连看我一眼的力气也没了。民国三十五年（1946 年），辛先生去世，享年六十八岁。

我跟辛先生学拳四年，他的拳术套路我没学全，可是他一生对各家拳术的思考和总结，全揉碎告诉我了。他说：“你是个读书人，有文采，这些留在心里是个种子，将来机缘成熟了整理出来做个印证，也算是师生一场，给你留了点纪念。”又说，“你虽然表面文弱，但是骨子里头却是刚直，极讲江湖情义。和师兄弟们交往你也谦恭真实，肯吃亏，能以小事大、以智事愚、以富敬贫，比你年长的师兄都敬重你，很不错！可惜我不能多活十年教你。你从不弄虚的，这点像我，很好。”

他那样的人，一生威震口外、叱咤风云，脾气又不是很好，平常不苟言笑，晚年对我这个未及弱冠的年轻人说出这样动情的话，怎不让人心酸悲痛。这样的一条好汉，去世的时候已经瘦弱干瘪得不像样子了，一个笸箩就能扣住，一回想起来就忍不住掉眼泪。

辛先生去世之后没两年太原解放战争就开始了，师兄弟们也慢慢散了。有的人不练了，有的从事了别的职业，年纪大的相继去世，剩下的年轻些的学得也不成样子，大家渐渐失去了联系。和我联系比较多的就是张鸿亮师兄，辛先生不在后，张师兄还和我说了不少先生的事情，我们一起约着练练拳，累了就坐在海子边，看着满海子的水波，升起又消失，熙熙攘攘的人群，来了又去，何其悲伤也！后来我因为去北京上学的缘故，和张师兄也逐渐失去了联系。直到 20 世纪 60 年代初期，有一天我在单位宿舍收到了路开源先生的一封信，信里说：“今闻你的师兄张君去世，节哀。”读未终行，便失声痛哭。当时因为政治风波四起，我的命运也飘摇不定。那一哭是哭张师兄，也是哭我自己，也哭辛先生。此后社会上慢慢地没了辛元先生的弟子，只剩下一个我，又不成器，辜负了先生，辛先生的名头也就随着那段历史被人遗忘了。新中国成立后，时代大不一样，海子边的江湖隐去，太原城的武林消散，山西的风云止息，那个充满武侠气息的尚武年代远了，我也就逐渐远离了武术界，以教师的职业继续我的人生。慢慢地，我自己也忘了自己是谁，忘了自己学的那些拳脚，好像只是路过了民国的江湖，只是偶尔目睹了许多武林豪杰的幻影。

张安泰：你想怎么跌出去

在我五十多岁即将退休的时候，突然又和穆修易先生的弟子张安泰联系上。因为以前他常去辛先生家，也受过辛先生的指教，所以和我本来就很熟悉。当时我不到二十岁，再相见我已然是接近花甲之人。新中国成立前张安泰在太原城里编席子，外号席子三。平时他为了练腿功，单腿独立或者单腿蹲着编席子。日积月累腿上功夫特别大，好技击，也擅摔跤。与人动手最擅长用通天炮和沉磨腿，上打面门，下钩挂，无不击人即倒。下手狠，并且不留情面，和他动过手的人差不多都被他“洗过脸”。什么叫“洗脸”呢？就是一个通天炮打在人面门上，马上满脸鲜血，被张安泰戏称为“洗脸”。民国时张安泰去南京参加过国考，拿了个优等，何应钦亲自颁了锦旗，这是山西省公认的拿了名次回来的。再加上其他的比赛，他拿到的荣誉很多，虽说当时还很年轻，辈分不高，但是在山西武术界相当有地位和面子。董秀升先生收徒弟，刘毅、李桂昌递帖子拜师，就是请张安泰做的介绍人。

这次与张安泰的重逢与我年少时候大不一样，在和他接触的过程中，我们逐渐建立了情谊。张安泰先生一生都比较贫苦，没有长辈的照拂，从新中国成立前开始就以编席子、卖席子为生，很是清苦。膝下只有一个女儿，出嫁后日子也不好过，不能贴补他许多。领养了一个儿子，不太争气，又好吃懒做，不去工作，还打架斗殴赌博，不仅不孝养他，还偷他的东西去换钱，不断在外面惹是非连累张先生。新中国成立后，张先生因为受过何应钦的奖励，受到很大的冲击，被打成“拳匪”，每次来“运动”都会受到批斗。早年的荣誉全都成了晚年的污点和罪证，人生之际遇荒诞到如此地步，还有什么好说的呢？晚年就更凄惨，编席子没人买，没有工作，没有收入，也没人照顾。后来吃了低保，靠政府的救济生活，仅有的那点救济金也被他儿子偷去赌博吃喝了。女儿偶尔来看看，帮着洗洗涮涮，大的生活境况也没办法帮忙改善。

我退休之后常骑着自行车带着张安泰到处转转，也常在一起练功。我们一起聊以前的老师父，一起切磋、探讨、整理、印证学过的拳术，直到他去世，朝夕相处近二十年。说实话，在这近二十年的时光里，我从张安泰那儿又学了不少东西。张安泰出手很重，保留着过去武人的习气。记得有一年冬天，我们打对拳，都穿着厚棉袄，张安泰一拳打过来，

张安泰画像（阎子龙绘）

我趁势撤步后退，他竟穷追不舍，一把抓住了我的棉袄，硬是把棉花都拽出来了。两个老年人出手像动真格的，围观的年轻人看得目瞪口呆，而我们两个拱手相视，哈哈大笑。他劈拳运用得最好，用劈拳发人神乎其技。那段时间收了徒弟，我都会带到张先生那里去，让他见见试试手。他家徒四壁，屋子里空空荡荡，只有一张破桌子，两把破椅子，靠墙角还有两个旧扣箱，漆皮剥落不成样子。每次我领着新徒弟去，他都会问："你想怎么跌出去？是往高处走呢，还是往低处走？是往近走呢，还是往远走？"

张安泰

这种近乎禅机的问话，往往会把许多人问住，不知道该怎么回答。但是一搭手，就什么都明白了。说"愿意往近走"的，一个劈拳就地把你扣地上，这是近打。说"愿意往远走"的，直接把你发到门外去。要"往高处走"的，被扔到墙角的那两个破箱子上。想"往低处走"的，就被发到了破桌子底下，折脖扭颈，丑态百出。发完人后，张先生看看我眨眨眼，忍着笑说："得罪，得罪。"我也忍着笑拱拱手。

张安泰先生晚年实在可怜，那年腊月里好些天没见他出来，我怕他是病了，就去看他，顺便送些年货。一进门看他家里冰房冷灶，他躺在炕上，铺盖被子都不全，头下还枕着块砖。我不觉一阵心酸，问他："儿子又不着家了？"

他也不应，我又问："大年下的，姑娘也没来看看？"

还不应。见他不回答，我也不忍心揭他的痛处，就问："枕头呢？大冬天睡个冷炕，枕块砖头是干什么？"

他说："我这是在练功呢，你不要操心了，年龄也不小了，大雪天别骑自行车。”

他性格忠厚，哪里会撒谎，看着他满脸的尴尬，我心里更是难过。扶着他坐起来，吃了些东西，聊了半晌，他才说：“儿子回来要钱过年，我哪里有钱给他。冷着脸骂了他几句，他就出门了，把我的枕头被子也扔了出去。我气了个半死，饭也不想吃，活够了，躺在这里等死算了。”

我开解他，约好年后开春了再到公园好好练练，教教学生。我回家后还托人送了些衣服被褥去。没想到他正月初二就去世了，很可怜。

阴符退尽纯阳显——八卦门往事

对八卦拳的向往

辛元先生是六十四岁那年收下的我，我跟着他学了四年。他去世后，同门师兄弟们各自奔向了自己的生活，而我也没了师父指导。这段时间里，闲下来的时候我就在海子边逛逛、练练拳。日本人被赶走了，太原光复了，上马街、桥头街、海子边虽然还是一样喧闹繁华，可我心里竟觉得空落落的，有种莫名其妙的悲凉。当时年纪还轻，社会阅历也不多，对社会上微妙的变化虽然隐隐约约感到点什么，但是还没有足够的判断能力，也说不清楚哪里不对劲。就像三伏天里漫天的乌云，就是闷着不下雨，风也没有，树叶也不动，闷得人心里发慌。整个太原城就像是这乌云底下的一块荒地，被密密匝匝地罩着，密不透风。我在家待着觉得憋闷，就出了家门，顺着街走，从桥头街走到海子边，走到大南门，再绕道崇善寺重新回到上马街，那种莫名其妙的憋闷不仅没有消减，反而像一层层纱布似的，每走一步、每经过一条街便在我的身体和内心裹上一层，直到觉得压抑不堪了，自己吼两嗓子。

外面的这个世界让我感到这般压抑，我的不安无可安顿，只好再回到书籍里面去寻找开解。除了家里的藏书之外，这些年我自己也积累了一些书，其中相当大一部分都是武学方面的，各家各派的老拳谱、新著作，有书店买的，有旧书市淘的，也有在师父们和老拳师家抄的，也有师兄弟之间交换的。总之，容易得到的、不容易得到的，我都想办法收集来了。在这些著作之中，孙禄堂先生的著作让我觉得很新奇，《形意拳学》《八卦拳学》《太极拳学》《拳意述真》《八卦剑学》等，无不让我击节赞叹，都是理洽义深的名著。《论拳术内外家之别》用孟子的“我善养吾浩然之气”，把内外家论气的歧义融会一体；又以孟子“求其放心”之说，把练气养气的方法原理也说得极其透彻；更以《中庸》“中和”之理，将内家拳的体用讲到了极处。这些著作全是以儒家的精义来兼涉武学至理，浑然无间，与一般武家轻视文人的习气大相径庭，让人钦佩。孙禄堂最让人称道的就是把太极、形意、八卦三家冶为一炉，集拳术之大成。在读这些书的过程中，我逐渐对孙禄堂先生产生了仰慕之情，想象着自己将来在武学上会不会有同样的进境。当时太极、形意我都学了，如果再把八卦掌学了，是不是也可以像孙禄堂先生那样，可以更好、更深入地了解内家拳的要义呢？所以私底下读了不少与八卦掌相关的书籍，一个人待着的时候常常想找个机会也学学八卦掌。可惜一直没有访到合适的师父，直到遇到路开源先生。

何月波的八卦掌功夫：纸穗、铜壶、羊皮袄

八卦掌自清代宗师董海川之后，百余年间名家辈出，代有传人，主要有尹福派、梁振甫派、程廷华派，影响遍及大江南北。而当时在太原城里，八卦掌还是很少见，专练八卦的名家几乎没有，最早只有何月波。

何月波，名均，字月波，以字行。何月波先生原本和程廷华学八卦，后拜在程有龙门下，得了程派的真传。何月波早期在张作霖的手下做事，奉系军阀入京后，他也在北京待过。何月波来太原，也是应邀来国民师范任教。何月波先生来到国民师范之后，主要教八卦掌。当时没有多少人和他学，因为连形意拳大家都觉得简单枯燥，不太接受，对于八卦就更不理解了，觉得这叫什么拳术，绕圈圈，绕来绕去太离谱了，实在不像武术。但是何月波先生一动手，试手的人就跌出去，一碰就跌出去，根本不用走圈。当时何先生的功夫人们是服气的，就是对八卦掌走圈的练习方法不太理解，也不太接受。

说到何先生的功夫，我这里有一些小故事，恐怕已经没有人知晓，说来与大家分享。在 20 世纪 70 年代，我从夏县重新回到太原以后，机缘巧合收了个徒弟，是一个老徒弟，当时他七十多岁，比我大得多，我当时才五十来岁。这个徒弟也没递帖，当时的社会环境也不敢递。这个

何月波（左一）、程廷华（右二）、程有龙（右一）

人新中国成立前在国民师范做饭，并且专门给何月波先生做过一段时间小灶。与何先生见得多了，也有了情感，慢慢地喜欢上了八卦掌，特别崇拜何先生。但是限于身份和工作，一直没能向何先生学。我的八卦掌师从路开源先生，而路开源先生又是何月波最得意的弟子。所以 70 年代我返回太原之后，他就联系上我，说要学学何先生传下来的八卦掌。一来二去的，我们两个就建立起了情感，我也为他几十年不变的心意所打动，便收了这么一个老徒弟。有一次练过拳闲聊，他对我说："安先生，您虽然是从何月波这支学来的，但何月波先生怎么练的您可能没我知道。"

我回答说："是的，我当时还小，只听路先生说过一些，但并没有亲见过何先生练功。"

他就笑笑和我聊了起来，说了好多。据他说，何先生很勤奋，每天都练功，但是在外头看不见他练拳。当时国民师范给这些聘请来的先生安排了教工宿舍，何先生就在宿舍练功，不在演武场或者露天的地方练。何先生在宿舍的衣架上挂满了纸穗，这些大大小小的纸条，隔着窗户看，不知道的还以为是贴着灵符辟邪驱鬼呢！

他说："起初我去叫何先生吃饭，看到他房间里这种情况，感觉阴森森的，不敢进去，隔着窗叫他几声就走了。但是心里一直好奇，不知道他在做什么。后来熟了，何先生也知道我不练武术，对我也没有戒心了，有时就允许我进他房间，才知道那些白色的纸条都是他练功用的。他就在那些大大小小的纸条里转掌走圈。身形走开无声无息、无影无形，极其轻便灵活，纸条、纸穗一动不动，就这样练身体的感觉。

"冬天的时候，何先生在室内光着膀子练，多数时候还穿着铁马甲举砖走掌。他走掌的时候拿两块砖，推着两块砖练力量。或者双臂上挂着铜壶练，把铜壶里面灌满水挂在胳膊上，转完圈之后穿掌，这边穿，一穿穿到另外一边。就一个单换掌，来回转，一练就是一两个小时。"

我想何先生这样负重的目的，当然不止是为了练肌肉和力量，而是为了在负重的情况下还能够放松。

他还说："在夏天的时候，何月波却是反穿着羊皮袄。安先生，您说大冬天光膀子，到了夏天却反穿着羊皮袄，我看着比较怪，不知道是什么深意。"

我听了笑笑说："这是前辈肯下功夫，不过我觉得我们可以不必这么练。"

虽然我心里觉得这不科学，更不能乱学，但是过去人就是那么下功夫，还是很钦佩的。

路开源：先练一年转掌再说

何月波先生在国民师范教八卦掌，传人有庞维国、张书田等人。他很少在社会上教拳，所以社会上的传人比较少，只有路开源先生，他最满意的弟子也是路开源先生。路开源，字子长，太原清徐县南营村人，精专八卦掌、形意拳，尤擅剑术。新中国成立前在法院是录事，书法精绝，善长绘画，好工笔；懂医术，精于针灸；深于释、道两家学问，兼通方技数术，会看手相、算命；又通音律，能古琴，擅二胡，融会文武，多才多艺。

为了学八卦掌，我多方打听。当时国民师范已经没有了，练八卦掌的更是罕闻其人。后来联系到了庞维国先生，庞先生极力推荐路开源先生，说师兄弟路开源深得何月波先生赏识，对程派八卦的造诣在自己之上，并非常热心地为我引荐了路开源先生。庞先生这样谦恭且能扬人之善、成人之美的品德，我至今都十分敬佩和尊重。当时路先生已经在法院工作，父亲带着我去拜见过之后，又请中间人说和，给路先生递帖子拜了师。这是民国三十五年（1946 年）的事情了。

开始学习的时候，路先生说："我这里下班后楼上没人，你就来我办公室学吧。"

于是，每天等到法院下班之后，路先生办公室没人了，我就进去学。路先生的办公室很敞亮，木质的地板，走上去感觉也很舒服。路先生把我叫进去后，一般都会先示范一下，说一个动作，然后就让我练。一开始就是转掌，练了一段时间，我觉得兴味不大，内心有些着急，就找机会和路先生说："先生，我太极也练过，长拳也会，少林、八翻手、形意拳也都练过，有些基础，能不能直接不学了，进度快一点呢？"

路先生果断地说："不行！各是各的。别人怎么教我不管，你要和我学八卦掌，就必须从转掌开始。"

我便不敢再说什么，老老实实地走圈，转了将近一年时间。

路先生在木地板上转起来没有声音，脚要求平起平落，蹚下去以后还要平起平落，落地无声。现在好多练八卦掌的说蹚泥步，擦着地板走，"噌噌噌"地乱响，实在是让人看不懂，也没必要。路先生转起掌来，中盘掌、下盘掌，走的式子特别低，并且走得特别轻快，特别规矩，八步一圈，不多不少。现在好多练八卦掌的人，练的时候脚下太随意，转成圈就行，也不管几步一圈。路先生这八步，四正四隅，规规矩矩，要求走完之后每一圈、同一方位的脚印都在同一个位置上，步幅大小、节奏快慢必须一致，必须是八步成圈，才能走出八卦的规矩和八卦的劲来。在路先生的指导下，我开始在八卦上下功夫了，路先生教得特别细致，但也特别慢。直到民国三十七年（1948 年）我离开太原的时候，八卦掌都还没学完，算是打了一个八卦的基础。我离开太原离开得有些突然和无奈，那一年阎锡山搞三清会，邀人参加，我觉得这样的组织让人反感，所以拒不参加，先后被抓了两次。第二次被抓之后，我父亲有点怕了，托人从中斡旋说和，把我保了出来。出来后，父亲给我凑了一百块大洋，让我坐飞机连夜去了河北保定，去华北大学读书，我就这样与路先生分开。直到 20 世纪 60 年代初，才又与路先生通上了书信，重新联系上。此后又和路先生继续学了几年，直到我下放夏县为止，着实学了好多东西。所以我跟随路先生学八卦掌，可以说是分两个时期完成的。

路先生老家是徐沟，徐沟也是形意拳的一个要镇，所以他本身也练过形意拳。我见过他练形意拳，练的是车派，估计是从太谷传到徐沟的。但具体是哪一支系的传承，我也没有问过，他也没有太详细说过。因为刚见路先生的时候，先生就说："你要想练八卦，可以先练练形意拳。"

我回复说："形意拳我和辛少轩先生学过。"

路先生扫了我一眼，说："你最好练成我的，改了过去的。"

过去老师父们都有这样的心理，你要和我学，你就学我全套的。我当时没吭气，没回答他，只说："我先学八卦掌吧，形意不着急。"

他见状也就不再提这个话题，所以就先学了八卦掌，临到最后也没和他学形意。

路先生对八卦掌有非常独到的认识，他有个观点：八卦掌虽然叫八卦掌，但是不要动不动就和这个卦、那个卦硬扯上关系。他说："既然《易经》是群经之首，其理是统摄一切的，万事万物都在其道理当中。那么举手投足便有阴阳，便有八卦，非得八步换八掌就叫八卦掌？一圈必走八步，是因为合四正四隅成一圈，大小正合适，均匀规矩，一切一正就步伐均匀，何必非套上阴阳和八个卦象呢？"

实事求是地说，路先生这种说法也不是没有道理，因为八卦掌原来也就三掌：单换掌、双换掌、顺势掌。再后来后人套《易经》的八卦凑成了八掌，之后又衍生出六十四掌，其实是一种附会，节外生枝，头上安头。所以在当时的环境中，路先生的思想很开放，算是很实事求是的了。除了不主张比附《易经》八卦之外，他还说，武术往深妙里说，各派都和《易经》有关系，都和儒释道有关系，都和哲学、美学、力学有关系；往浅里说，也就是人肢体的协调运动，做一些技击的动作，并没有多么玄妙。这是他的大概意思，很多并非原话，他原话说得肯定比这好。

另外，路先生常对我说："对于武术我们可以多研究，不一定局限于一家一派。"

他自己就说他的八卦掌综合了好多人的东西，既有尹派的，又有程派的，还有孙禄堂的掌法。据他当时说，他最初学八卦是和孙禄堂的某个门人学的，具体是谁，我当时也没留心听，现在也不记得了。20 世纪 60 年代与路先生重新联系上之后，我们常有书信往来，他在信上也提到

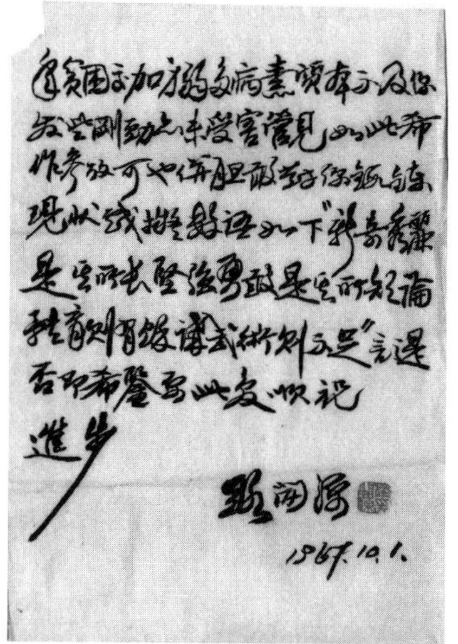

路开源与安慰的通信

过这位先生，可惜没有说这位先生的名字。他还说新中国成立前他做买卖谋生，南北游历飘零，去过不少地方，每到一处都会拜访当地拳师，尤其是练八卦的名家。在西安、四川等地，见到很多练八卦掌的，练的都不太一样，他都尽量地学来融到自己的拳术中。但总的来说，还是在国民师范时跟何月波先生学得最多、最深。最后他游历南北重返太原之后，觉得何月波先生的八卦掌是最原汁原味的，得到了程派的精华，而程派程廷华先生的八卦是最接近董海川原貌的。

董海川的教学法

八卦掌是内家拳里最晚形成的一种拳术，在八卦掌之前，没有这种转着圈练拳的。这种独特的练习方法具体是怎么来的，至今仍是一个需要研究的问题。而据董海川说是得自异人的传授，是在九华山和某个道人学的，可这个道人具体师从何门何派，也语焉不详。后人根据“道人”

二字，就做开了文章，下了不少考据功夫，认为这种转圈的步法，就是从道教的转天尊来的，和八卦掌很相似。其实终归是一种假说而已，虽然能联系上，但还是缺乏更多更深层的证据。如果说这种步法和转天尊类似，那和寺庙里和尚们绕佛也是类似的了，绕佛不也是绕圈吗？所以很多似是而非的东西，是经不起深究细论的。八卦掌毕竟是一种拳术，不是随意走圈，得有身法、步法，还得有手法配合，另外招法、劲法、腿法等，都在里头，不能只是走走，要有大规矩在里面。加之两者的重点、目的也不一样，转天尊的“走”是一个形式，关键在于修心；八卦掌的“走”，必须要走出规矩来，走出功夫来。所以八卦掌到底是怎么来的，目前我们只能从董海川开始，再往前已没有文字记载，都是无可稽考的了。

这里说到董海川，并不是说他受阉入宫之谜，或者他在江湖上的传奇故事，而是要说一下他因材施教、不拘一格的教学方法。据前辈们讲，董海川教人非常开放。学生和他学时，他不要求学生一定要练得和他一模一样。董海川所教的人大部分都是带艺投师，所以他在教授人的时候没有固定的模式。比如尹福是练少林拳出身，董海川在教尹福的时候，就是以少林拳为基础，手型上是牛舌掌，和内家拳其他的手型都不一样，虎口必须撑圆，四指并拢，所以尹福发力，点多线少，以点为主，形成了一种风格，大家称之为“硬掌”。史计栋是练弹腿出身的，腿法好，所以在他的八卦里腿法就多。程廷华先生是练摔跤出身，别的拳术没练过，所以根据他的特点，董海川授他的掌法以柔为主，柔化螺旋不断劲，最接近董海川的风格，也叫游身八卦连环掌，绕圆走转，大圈套小圈，处处有螺旋，螺丝劲层层不穷，圈中圈处处有变。

这些都说明了董海川的了不起，不愧为开门立户的宗师，能够因材施教，不固执门户观念，不拘束弟子们的特性，根据弟子们各自的特点，量体裁衣，专门编几掌让弟子们自己去揣摩、去变，把自己所擅长的和感悟的东西往里套。但也不是一开始就想哪儿套哪儿，还要符合六合的规矩，八卦的身法、步法原理。不变的是走圈，先练基础，先走圈，在圈里头加变化。虽说是董先生亲授，可学生都有自己的风格，都保持着自己的本来面目，所以八卦掌是非常好的一个拳术，根荄既定，千变万化，无穷无尽。

埋没乡野

路开源先生应该是国民师范早几届的学生，当时在国民师范的时候，学校成立了一个国术操练场，听着像一个场馆的名字，其实是个组织，组织的发起人和负责人就是路先生和庞维国先生。他们两个是组织者，也是练得最好的。从国民师范毕业以后，为了参加抗战，路先生去了大后方，先后在重庆、成都待过。谋事不成，为了生计，路先生便做起了买卖，经历的事情非常多，人生颇为坎坷。这些在他晚年给我的书信上都有吐露，可见对他人生的影响之大。甚至有一次提到一些事情时，他说，那时候国家飘摇，自己流转异乡，衣食无着，亲友失联，内心相当苦闷。无法排解的时候就喝酒，最后有了酒瘾，就酗酒，把身体弄坏了，在成都谋生时还吐过血，他晚年老咳嗽便是那时候留下的病根。反正路先生那些年应该经历了不少风霜吧。虽然是他不经意提到的，却让展纸读信的我十分心疼。抗战胜利后，路先生重新返回太原，在法院谋了一个职位，也是这个时候，庞维国先生将他推荐给了我。

新中国成立后，路先生可以选择继续留在太原，当时不知道他怎么考虑的，却选择了返回清徐老家。因为他学过中医，就在清徐县人民医院当大夫，是针灸大夫。后来年纪大了，就被调到了挂号处。

路先生见过世面，经历很多，懂得也多。不知道为什么当时一念之差就返回了清徐，渐渐埋没乡野。由于信息闭塞，见识慢慢也少了，后来谈起这个抉择，他也比较后悔。20 世纪 60 年代和他联系上之后，我们就一直保持通信，这些信直到现在我都珍藏着，不过他写给我的最后一封信找不到了。在最后一封信里，他告诉我说有突如其来的灾难，怕是过不了这个坎儿了，此后书信就突然中断。我赶快托人打听，传话的人说当时路先生正在被批斗。除了因为他在新中国成立前的出身和工作经历之外，直接的导火索是文字上惹的麻烦。路先生书法很好，诸体皆精，但没有架子，好给人写字，对来求字的人从不拒绝。正好那年村里头盖厕所，就有人请他写上字，分开男女厕。结果不知道笔误还是什么，他给写了个“毛房”，一下子被人抓住了，说这是故意侮辱伟人，用的是“毛泽东”的“毛”，因此被狠狠地批斗。接下来就把他在国民党、阎锡山时期的工作经历挖了出来，甚至他曾经给人看相、算命、练武术、爱书法等事情，全被归类为封建四旧。路先生在“文革”中身心饱受摧残，最后含恨而死。路先生是1976年去世的，当时七十三岁。就此推算，他应该是清光绪二十九年（1903年）生人吧，比我大了二十多岁，比辛少轩先生小。路先生曾在信里对我说，当初在旧社会为了谋生，为了在人前卖弄，所以就学了很多不科学的东西，还告诉我“你不要学这些，将来会受害的”。这是经历过的人才会了解的沉痛之言。结果路先生与我后来都因此受到了批斗和审查，也算是一语成谶了吧。

路先生的掌，既有程派八卦的风格，又有孙禄堂和尹派的东西。他一生去的地方多，学的东西也多，但是他着意于八卦。他教我的程派八卦掌，没有点、没有停顿，圆活无滞，不像太极拳还有个定式，更不像现在人练的时候停下发劲再走或垫一步再走。我所学的程派八卦，步子没有停的时候，一直在走。步子不停，身法不停；身法不停，手法不停；手法不停，势不停，气不停，劲不停，连绵不绝，不断地变化，有一种生生不息的气象。

路先生当时就练八卦，在太原是很有名的，来求艺的人很多，但是他选弟子的标准太严格，非其人宁愿不教。所以能精擅他本领的弟子寥寥无几，以致后来门下寂寂，等这些为数不多的学生们分散开之后，也就没人知道太原武术界还有路开源存在过，更没有人知道八卦掌还有路开源这一号人物了。历史就是这样无情，当真实慢慢隐去，留下来的都是所谓的繁华与名利的影子。那些远离繁华、淡泊名利的人，终究会慢慢褪色。

我遇到的这几位师父，各有特点，对我的影响也很不相同。霍宝珊先生在我少年时出现，像父亲一样，对我疼爱有加。他老人家给我的，除了拳术、武德之外，还有那个年代不能直接从父亲那里得到的父子间的温情，所以我一直感念他。辛元先生性格刚直仗义，不畏豪强，虽然沾了不少江湖气，但是实事求是，有江湖的道义，让我对人对事都存着一份耿直与敬畏。对这两位先生我都像对父亲那样尊敬，除了武艺与道德上的学习之外，我和两位先生在个人的其他才艺、兴趣方面，很少有交集，也不敢和他们讨论其他。而路先生不同，他多才多艺，也是文人出身，我们的性格、爱好很多都一致，所以和他的相处就更轻松随意一些，书信往来，无所不谈，亦师亦友。

对于路先生，一直有一件事让我耿耿于怀，十分愧疚。20 世纪 60 年代，与路先生联系上之后，除了通信外，还常见面。他常来太原找我，我都会安排他住在家里，好好招待侍候，一留就是好多天，从来不敢慢待。临近 70 年代的时候，我正在省艺校工作，住在艺校的职工宿舍。当时我已开始被审查，下放的消息已经传在人耳，我压力非常大。有一天领导找我谈话，把我留在一个隔离的房间写反省材料，一直到很晚我才回住处。我不知道当时路先生来过了，后来听说他在我家门口坐了半天，等了一个上午，没等到我，就又自己坐上车回清徐了。从那次之后，他再来太原的时候，就自己掏钱住栈房（旅店），无论我怎么说、怎么求，再也不肯进我的家门了。那次他觉得被我慢待了，我做弟子的失了礼数。当时虽然我个人觉得情有可原，但是想到他老人家在门口坐了半日，没能进我家门，一口水都没喝我的，我十分难受。再后来我就被下放，他老人家也被批斗含恨而死，此生再也没有接待伺候他的机会，长恸永年也无法消除此悔恨遗憾了，此情此憾，曷其有极！

葬剑悲声切，拈花恨意迟

——学剑琐忆

路开源的龙形剑

我从小喜欢武侠小说，常看《七侠五义》《三侠剑》等，对江湖上那些仗剑而行，四方游历的剑侠生活十分向往。所以后来学武术后，各种兵器里面，对剑算是情有独钟。加上我少时身体瘦弱，太过粗猛的兵器用不了，也提不起兴趣。再者，自霍宝珊先生开始，我的几位师父都擅于用软兵器，所以我对剑这种轻灵、柔巧的器械就更感兴趣了。当然练拳大多要以枪术筑基，我虽然对大枪不甚喜欢，但是师父们都会要求并监督我练枪术，所以枪我用得也不错，只是内心不喜欢，更偏爱剑术。

得知我喜欢剑术，祖父和父亲帮我搜集了很多把宝剑，许多是花了大价钱买的。听说谁家里有宝剑，他们都会带我去看看。还没开始学剑术，剑倒搜集了不少，每每被母亲嘲笑，我只好笑笑说：“工欲善其事，必先利其器。”以此解嘲。当然后来我也如愿以偿地学到了剑术，并且学了很多套路，一方面是年轻人贪多，另一方面也确实出于爱好和钻研的需要。每学完一套剑术，我就会在笔记本上整理一遍，把老师讲的口诀要点和自己的体会记录下来，留作以后参考。后来闲暇时清点记录簿册，竟有百十来个套路。常练的有五行剑、十二形剑、连环剑、进退六剑、三才剑、对练三才剑、八卦剑、龙形剑、双龙剑、昆吾剑、纯阳剑、青萍剑、青鸾剑、越女剑、太极十三剑、太极剑、青龙剑等一二十趟。

其中我最喜欢的是龙形剑，最擅长的也是龙形剑。与龙形剑这个名字相同的剑法有好多种，练法都不太一样，是同名而不同实的。我的龙形剑是和路开源先生学的，路先生除了八卦掌，对剑术也特别喜爱，会的剑术套路也特别多，对于剑术的理也思考得深入。路先生擅长的有进退六剑、龙形剑、形意剑、八卦剑、青萍剑、昆吾剑等，有十几趟，我都学到了。路先生最喜欢的也是龙形剑。后来学到龙形剑的时候，看到我激动的样子，路先生也很高兴，觉得传我剑术算是传对人了。练到最后，我的剑术远远超出他的预期。凡是他喜欢的我都喜欢，师徒这么契合也是少见。后来他抄了一个龙形剑的剑谱，递给我说：“我的东西算是全给你了。”

以前想得到老师的一点东西不容易，把著述传给你，把纸本口诀传给你，一方面是认可你所学的东西，一方面是认可你为传人，那是在你练到一定火候，得到老师精要之后的一种认可，就像宗门的传法卷，对于门人弟子来说，是无上的荣耀。不像现在，到处都是出版物，真真假假。书卷秘籍容易得到，却把师徒的情义，对祖师的尊重给忽视了。甚至书是得到了，学问技艺一点门路也没得到，实在可惜啊。

路先生的龙形剑是在国民师范的时候和王俊臣先生学来的。王俊臣先生是刘奇兰的徒弟，据说也打过俄国大力士，后来路先生的信上是这么写的，还专门提了一下王俊臣先生与俄国人交手的事情，并说其他人的传闻都是假的。龙形剑融合了形意和八卦的身法、步法。剑术分工剑和行剑，工剑是有点的，有剑点，很明确的发力点，要有很明确的停顿；行剑就要求圆活无滞，以线、面为主，点很少，少停顿，步法很灵活，行起剑来如同行云流水一般，极美极活。和路先生学剑术是在公园里，因为剑术在他办公室施展不开，他就在公园教我。有一次学龙形剑，示范退步刺剑的时候，路先生没看身后的地形，被花盆绊了一下，一屁股坐在了花坛上。他脸色一沉，收了剑，披上衣服就走了，后来就再也不练剑了，无论是公开场合还是自己在家都不练。我知道他是一个极有自尊的人，他因为这件事，因为教我而放弃了剑术，我也十分内疚。后来我练龙形剑或者教龙形剑的时候，就把这一剑给去掉了，作为对路先生的纪念和感恩。

后来在北京我也接触过许多练形意、八卦的同门，他们的龙形剑据说也是李存义、王俊臣传的，但练法和山西的不一样。山西的龙形剑不知道是王俊臣先生来太原之后的发展呢，还是路开源先生的改进。直到几十年后，我把这些相同、不同的地方都融合在了一块儿，同时把龙形剑原来的一些重复动作给省了，又把其他剑术里的精粹融合统一在了龙形剑的风格之内。所以我认为龙形剑在我这里，至少在演练上又有了一些新的发展，更加充实、完善。

剑术还在，剑法丢了

说实话，学生们让我看了许多现代的剑术表演和对练，我实在是不满意。因为从后辈们的演练中，我看出他们把剑法丢了。就像写书法的人把笔法丢了，只剩下写字了，实在是可惜。所谓的剑法，不是说你的身法、步法好就行。剑法说白了就是“用剑之法度”，与刀枪剑戟其他兵器不同的法度。用剑的法度很特别，要法度清晰明确，劈、刺、撩、挂，崩、点、撮、抽、带、提，这些必须做得很到位。比如劈剑的力点到底在哪儿？点剑的力点在哪儿？撩剑、崩剑的在哪儿？提剑、抽剑的在哪儿？带剑的又在哪儿？必须有力点。你的劲走的是剑尖、剑把，还是剑身？必须要搞得非常清楚。这是我对学生最基本的要求，也是我从传统剑术里继承而来的。

有一次和学生们看电视，看到现在竞技武术里剑花竟然有背花，我就对学生说："剑不可能有背花，因为剑是双刃的，只有刀才有背花，剑没有背花。好多后来增加的动作招式，只顾着好看，都没有考虑兵器和拳术本身的规律。违背基本规律的事情还有什么好评价的？所以只能说都是胡练。"

用剑最主要的是在剑的前三寸。前三寸的地方，眼睛要一直盯着。剑总共那么长，最终用哪儿呢？如果把力量往后放就不叫练剑了，剑变成了棍子，舞剑就变成了抡烧火棍。用剑的精华就在前三寸，带、抽、撩、崩、撮、点、刺，全在这个地方，而其他部位都是为这三寸服务的。

另外，我对剑的理解是：剑不宜重，要轻灵；其次不需要太长，最标准的就是左手持好剑以后，剑尖与耳尖同高，这个长度正好；第三，剑讲究的是逢坚避刃，遇隙削刚，避青走红，不像别的器械有磕碰，它尽量不磕碰。所以说剑术的用法是独特的，和传统武术里头的打法不太接近。因为传统拳术里面最有特点的是接手，接手以后才有别的变化。太极拳叫化拿发打，它必须要有一个接手的过程。但是剑术是避青走红，也叫迎风接进。八卦里面也有这个歌诀，叫"高不架，低不拦，迎风接进最为先"。避开对方，"青"是指对方的器械，"红"是指对方的身体、血肉，是讲通过身法、步法的移动，拿剑直接去刺对方。对方空手也好，拿器械也好，不和他有磕碰。那么就此而言，最有效的就是解腕，用剑尖找对方的腕子。器械中尤其是剑，有尖有刃，双面开锋，它不需要你有多大的重量和力量，关键是轻巧和快速，只要碰一下，血肉之躯就破了。

剑术代表着中国武术的一种技击特质，中国武术最大的特点不是在徒手搏击上体现，而是在器械上，尤其是在枪术和剑术上有极致的体现。枪是长器械，剑是短器械。剑不需要大的力量，以轻巧取胜，与刀不同。刀有锋有背，所以刀要缠头裹脑，必须要有格挡的动作，才能发挥出刀的作用来。像大劈大砍、缠头裹脑等动作的作用就是格挡。但是剑开双刃，所以不能缠头裹脑，否则不足以御敌还伤了自己。剑体轻巧，不能有大的格挡动作，所以才有抽、提、劈、刺、撩、挂、云、抹、带种种技法，其中点和刺是最具剑术特质的两种技法，也最能代表中国武术特色。即以轻灵制拙重，以小胜大，以弱胜强，以柔克刚。这正是我喜欢剑术的原因，它不仅是技击、是武术、是力学，还是哲学与美学。剑最难练之处还在于它有花，但最多有腕花。不像刀，也不像枪可以挽许多花，枪花舞开了像朵朵梨花盛开于前，繁花满树，十分华丽美妙。而剑术就像干枝梅，摇腕以生花，虽然感觉枯，但是轻灵而沉雄，滞涩而流丽，矫若游龙，翩若惊鸿，以轻驭重，以柔克刚，至巧至拙，至拙至巧，要体现出遒劲老辣之美，好学而难练，易说而难至，必须靠身法、步法、剑指协调配合，一气贯之。

剑术之规矩

我跟着师父们学剑术，以及后来我教学生剑术的时候，都很严格。从选剑到提剑、持剑的规矩，都让他们知道。有一个学生跟我学剑，拿了一把家里装饰镇宅的剑就来了，又重又笨，不合剑器度数。我就呵斥他：“你拿了个啥，不要练了，拿回去！”

第二天，他又拿了一把常人健身用的练习剑来了，我拿在手里一掂，就又给他还回去了，说：“太轻了，不行！你别练了！”

看他惊慌失措的样子，我也没说啥。社会上铸剑的技艺越来越粗糙，技术和科技倒是发达了，可是连把普通的、合格的剑都做不出来。我常想，如果人心丢了，信仰没了，科技的进步真的意味着文明的进步吗？三尺剑虽小，可以喻六合。实在没办法，我就从家里拿了一把剑让他用。

当时，这个学生连持剑的方法也不懂，让我给他做示范时，剑刃向着我就递过来了，我就不接剑，看着他不吭气。他看我不吭气，也丈二金刚摸不着头脑，尴尬地站着。看他实在没有概念，我才说：“剑不能这么拿。给人剑的时候，剑尖要朝下，不能剑尖冲上，也不能横着刃。”

在过去，剑代表的是祖师爷，带剑、佩剑、用剑都要有规矩，恭恭敬敬的。给师父递剑，给别人递剑都有讲究。带着鞘的，两只手捧着递过去。不带鞘的，剑尖冲下，剑把朝上，上下垂直，双手抱握递过去，递到对方手里头。

用的剑要传统，教学授艺也一样，我也用从师父那里得来的方法，看人看得准，看得彻。就拿学剑的这个学生来说，经常是教完几个式子之后，我就让他去练，每天定时定点。他在一处空地上练，我远远地看着，不走近他，他也不知道我去了没有。看一会儿，我转身就回家了，不理他，让他等着。观察了一段时间，发现他确实是有心且用功的，我才扎实地教他。每套剑术都是从第一个动作到最后一个动作，详细地讲两三遍，看他心领神会，手上身上也做到了，才放他自行练习。龙形剑是这样教的，形意剑、八卦剑等也是这样教的。

退休之后，我有了更多的时间去研究和体悟剑术，虽然人生步入了晚年，可我对剑术的理解也更深刻纯粹，比年轻时更内敛。学生们说我练起剑来比别人轻巧灵敏，动作虽然特别小，但像行云流水一般。比如龙形剑里头走的龙行三曲，行动起来听不见声音，像在水上漂一样。因为我年轻时学过戏剧，对于形体之美、舞台表演之美都有不同于通常武师的认知和理解，所以在平时的剑术表演中，我也有意无意地追求一种舞台上的艺术美，演练出来，别人看着也美。但是我又害怕学生们不知所以然，盲目地模仿我，所以常告诫他们：“要实战打人就练打人的，要表演就练表演的。有练法，有用法，有表演的法，各是各的。我反对把普及给大众健身、表演、欣赏的东西与实用的传统功架混淆在一起，那样会给社会上一般的武术爱好者很大的误导，会慢慢地让表演性很强的‘新编套路’替代了传统套路。尤其是当下的学生们需要注意，表演就是表演，实战就是实战。”

现在无论是太极拳还是其他拳术，竞赛套路、健身套路越来越多，让更多的人在锻炼形体之余，还获得了不少武术知识和健康常识，这无疑是有益的。可是另外一方面，太过泛滥的“普及”，也造成了传统武术浅薄化、庸俗化的流弊，让社会一般人士看不到传统武术真正的内涵和高明之处，因而对传统武术产生误解，以为传统武术不过是公园里、广场上老年人健身的东西，不能实战。一旦偏见和误解产生、流布，年轻人可能就会慢慢地轻视传统武术，不愿学习它，或者更愿意学习西方的搏击。看到现在的太原街上，韩国的跆拳道馆、西方的拳击馆随处可见，我就知道我的忧虑并非多余。现在，我们亟须对传统武术进行整理，建立其适应时代的训练体系，开发实战训练器械和方法，从原理到方法手段，都要弄得清清楚楚，科学、系统地教给后辈。

景炎先生

除了前面提到的几位先生，我还和很多人学过剑术。无论是新中国成立之前还是之后，只要听说谁剑术好，无论在武术界有名没名，我都会专门去求学。尤其是在新中国成立前，因为家里的经济条件还可以，父亲常常资助我到外地学剑术，花了不少钱。比如专门去北京和天津访师学剑术，每次父亲都给我三四十块大洋。有一次偶然听说北京天桥的李文贞先生擅太极十三剑，我就专门去了北京找李文贞先生学习。后来他学习戏剧，对戏剧里面的剑术也下了不少功夫，像戏曲里面的双剑、穗子剑等，都用过功夫，还吸取了一些舞台表演的成分糅在剑术演练里面。我在北京学习戏剧的时候，河南豫剧团来北京交流，见我练穗子剑，其中一个演员就随口说了一句："我们团的某某人长穗剑练得特别好，可惜这次没来，不然你们可以交流交流。"

我赶快要了地址，专门去河南请教学习长穗剑。长穗剑难练，难点在于练开后穗和剑要形成一条线，挽各种花的时候能一直保持一条线。舞动起来要做到上下翻飞前后滚动，和身体贴成一个立圆。我又把拳术里的步法加了进来，在练长穗剑的时候，步法转换、前后转身时身体的协调更自如，显得非常流畅漂亮。

在剑术的学习过程中，丘景炎先生对我影响也很大。当时我与一位先生去河北国术馆，该馆设在天津的东马路。那里聚集了大量的武术名家，当时我还年轻，爱听先生们聊一些逸事。有一次听到座中有一位先生说到剑术，很触动我，我就找机会悄悄地请教他，能不能向他学剑术，他哈哈一笑。在请教他的名字时，他带着河北或者山东方言的口音，我听不太明了，只听他说叫“景炎”，我就顺口叫他“景先生”，他也没纠正我。后来再见，直接就叫“先生”，以至过了好久，我都误认为他姓景。向一些老师父说起“景先生”的时候，他们都很疑惑，说好像没听说过这个人。我和景炎先生学习时，虽然对他的背景和经历不甚了解，但也约略知道一些信息。比如他的剑术是和李景林先生学的，他原是李景林手下的军人，李景林先生掌直隶军权的时候，还请自己的师父宋唯一先生在军队传授剑术和拳术。宋先生是武当派剑术大家，神乎其技，景炎先生在军中也颇受益于宋先生。后来因为李景林先生被冯玉祥逼出天津下野，南下上海休养，专事于武术事业。李先生南下后，景炎先生还在北方，来往于济南和京津之间，在河北、山东寓居不定。后来山东国术馆创办，景炎先生似乎也有教职，专门负责某处分馆。

从景炎先生这里，我学到了三才剑、三合剑、武当剑、武当对剑等，在这些剑术里面，李景林先生改编或者增添了不少内容。李景林先生在当时被称为“剑仙”，有武术家评价说：“拳术以孙禄堂先生为绝，剑术以李景林将军为绝。”人以为知言。另外李景林先生还善用长剑，《申报》曾有文报道：“芳宸剑术绝高，不在八卦剑之下。芳宸能运用九尺之剑，纵横如意，未有能当之者。”芳宸是李景林先生的字。我虽没见到景炎先生用“九尺之剑”，但也见过他演练长剑。他的长剑较一般的长剑略长尺许，身法、步法极其灵动，如龙如蛇。这对我后来再练龙形剑有极大的启发。因为交通的关系，我向景炎先生学习不那么便利，学习的时间也不能很长。但是从他那里学到的几套剑术，让我受益匪浅。尤其他是行伍出身，武术极讲究实战功能，所以其剑术比我在社会上、剧团中学到的更凌厉实用。可惜后来和景炎先生失去了联系，新中国成立后我多方托人打探，竟不知所终。

孙式剑与太极剑

刚才说到了三才剑、三合剑，我不得不说点题外话，也都是一些陈年琐事。事情的起因是一个刚学完三才剑的学生，有一次他来我家闲聊，也就是前些年的事情，那时我还不到九十岁。闲聊中他问："师父，我在网络上看到孙式太极剑的视频，怎么感觉和三才剑这么像？"

我就让他设法给我弄来看，他还顺便带了孙式太极剑的相关图书。我看了一下，就想到了和孙剑云先生在陶然亭公园套剑的事情。

孙氏武学有三拳三剑，三拳是形意拳、八卦掌、太极拳，三剑是纯阳剑、八卦剑和太极剑。孙禄堂先生在世的时候还没有太极剑，孙氏的太极剑是孙剑云先生传出来的。而这套太极剑是怎么来的呢？我们可以拈出几条疑点想想此理。

三才剑本身是形意拳的一个剑术，当时在中央国术馆也是很普及的一个套路，有对剑，就是分上下剑。一趟练完后，前一半和后一半分开，两个人就可以对剑。现在的孙式太极剑也有上剑和下剑，这是巧合吗？除了这个结构外，具体招式大家也可以对比，这套太极剑确确实实和三才剑几乎一模一样。当时我在陶然亭公园与孙剑云先生学孙式太极拳时，我们就聊到，杨式太极有剑，陈式太极有剑，吴式太极也有剑，而孙式太极没剑，太可惜了，我就开玩笑地请孙剑云先生编个太极剑。后来我们对练，就把三才剑给套进来了。

不管怎样，严格地说，太极剑不叫剑术。为什么呢？通常的太极剑是拿拳套剑，所以这个剑练起来就不符合剑法的规矩，那是拳法，用的是拳术的身法、步法、手法，把拳术的手法变成了剑法。陈式太极剑用剑像拿个棍子一样，还有杨式太极剑也是如此。比如杨式太极剑的野马分鬃，剑术里面不可能有这样的动作，这完全是用拳套出来的东西，并且套得太机械，所以看起来怪怪的，都不符合剑法。依照传统的剑术要求和剑术的立场去看，像八卦剑、形意五行剑，都是拳术的变化而不是剑术，实用不实用是另外的判断。而像青萍剑、三才剑、六合剑、龙形剑等，这些才可以称为剑术。因为这些剑术虽有形意、八卦的劲力，但还是剑术的格局和法度，是剑法。你看五行剑完全就是套五行拳，十二形剑就是套十二形拳。如果不用剑，套路不变，兵器换成棍子、鞭子、刀都行，大同而小异。虽然兵器换了，一个叫作太极拳，一个叫作太极剑，一个叫作太极刀，其实好多东西还是硬套在里面。拳术和剑术是有区别的，不能生搬硬套。

再从步子来说，用鸡步、弓步是最轻快的。鸡步是啥？击剑的步子，前腿带后腿。但是用形意拳的这种步，练出来就不像剑术了。器械上有的东西也不能套取，形意拳是脱枪为拳，枪术和拳术有关系。这里就说武术，最早来说先是有器械，后有拳术。我们说十八般武艺里头，前十七样全是器械，第十八样叫白打，白打就是赤手空拳地打，它是排在最末位的。在古代战场上，和人徒手格斗是最低级的，它仅仅作为一个基础。古人在格斗当中首重器械，所以对器械的要求更高一些。戚继光在《纪效新书》里面就明确说，军队的操练，把徒手搏击作为基础的训练，并不能用在战场上，它是最末的。形意拳脱枪为拳，枪是原先旧部队的武器，枪术是战场上的武艺，慢慢到了民间。明末以后，民间的武术快速发展，才真正形成门派。说脱枪为拳，是指拳法是从枪法里面演变来的。八卦叫刀拳，是把刀法的东西放在拳法上，以掌带刀。所以说拳术和器械的关系很微妙，拳术里头可以有器械的劲力和练法，器械里头却不能带有拳术，不能本末倒置。这是一个很传统的观点，也是我很介意的观点。父能生子，子不能生父，正本才能清源，源流不能相混。正如我们学习书法，隶书里面不能带楷书，楷书里面可以带隶书的东西，剑术与拳术也是这层关系。

药变还丹道难成
——内功杂谈

与胡耀贞的缘分

我对气功最早的认识，或者说比较系统全面的认知，是和胡耀贞先生学习的时候建立起来的。胡耀贞先生给我的印象一直很神秘，尽管辛元先生不主张我和胡先生学习，辛先生在的时候我也没敢主动联系胡先生，尤其胡先生离开太原在北京扬名之后，我和胡先生的因缘似乎也就中断了。但我每次练形意拳、站三体式，都会想到当时在海子边遇到胡先生，他给我展示气功的事情，想起他站的三体式和留在土地上的两个深陷的脚印。

和胡先生建立起新的联系，是后来的事情。胡先生晚年的时候，又从北京返回了太原。去北京前他住在桥头街，和我家老宅是街坊。晚年回来不住在原来的地方，但还继续行医给人看病，也教些弟子。在这个时期，我和胡先生的师兄弟郭万龙交往密切，通过郭

胡耀贞画像（阎子龙绘）

万龙，我又和胡先生建立了联系。这次相见，胡先生也很高兴。在此之后，胡先生看我练的形意、八卦等拳术，满意地点点头，说："不错！不错！怪不得辛少轩舍不得让你跟我学，是个好苗子！学得扎实，悟性也好！"

胡先生又专门交代郭万龙常带我去他那里，还让我有空就去找他。我也就常去拜访他，听他讲讲北京城的"人物"和逸闻，慢慢地也学了不少他的功法。通过一段时间的接触，从觉得他神秘、神奇、深妙，到探究他、了解他，我对胡先生有了新的认识和看法。

现在，几十年过去了，我也有了一些真实的验证。现在回头看看几十年前，从见地上来说，胡先生当时并没有那么高深，他还仅仅停留在追求功法的状态，还没有达到性命层面。首先，在功法上，他练功就是要拿住丹田。胡先生讲的丹田与别人稍有不同，他说丹田在脐内，不在脐下。守住三个点：脐内、命门、会阴。先守脐内，再守命门，再守会阴，三点来回循环。功夫小成后，再从脐内到脚心，然后再到脐内，到会阴，到睾丸。所练功法不同，所守部位也随之不同，但脐内是最主要的地方，这是胡先生功法的一个特点。其次，呼气。在呼吸方面，他不强调丹田呼吸，就好比练丹田呼吸或者练脐内的时候，先吸气进去，呼气呼到命门，吸气呼气几次以后就不动了，最多七次呼吸。不动了之后，意念就停在脐内，然后自然呼吸。这是要以这个呼吸来引动先天呼吸，也是他功法的特点。第三，胡耀贞先生是自发功，通过习练他的功法，多数人能出来自发功。他编著有《自发五禽戏》一书，非常著名。这套功法，练着练着，你自己的动作就产生了，熊经鸟伸等等就出来了。当时他的手稿刚完成，我还手抄了一份，和现在出版的不太一样。现在的版本有些是语言上的润色，有些是功法上的改动，有改得深奥的，也有改得含糊的。世人都爱玄虚的东西，不玄虚不隐晦，太浅显直白，世人如何会爱呢？《道德经》云："明道若昧，进道若退，夷道若类。"我常自思：精通道家的胡先生怎么能不知呢？是知此才反其道而行之吗？又云："恍兮惚兮，其中有物；窈兮冥兮，其中有精。"学胡先生者当实实在在地找到其中的"物"，不要爱恋恍惚、窈冥的虚言。

丹道核心与胡耀贞的局限

当时在胡先生的诸位师友中，郭万龙很得胡先生的信任，我和郭万龙相互很投契，交往也比较密切。胡先生教的功法和理论，我常和郭万龙切磋交流，从郭万龙那里见到了许多胡先生的手稿资料，我都分门别类地进行了摘抄或者整本抄录。

像前面说的那样，在和胡先生学气功之前，我已经跟随几位先生学了一些真东西，再加上我受父祖的影响，爱读书，爱藏书，博收杂览，也攒了不少道家丹经子书，不少是抄本和孤本。正是如此，我绝非容易盲从之人，再加上当时年轻气盛，也绝不肯轻易服人。所以对胡先生讲的理论，我都会反复地查找资料、请教其他老师进行印证。比如在修炼的功放气脉方面，我就和力宏和尚讨论过。考证得多了，我慢慢就有了更多、更完善的理论依据和更强的辨别能力。总的来说，胡耀贞先生是正宗的龙门派出身，他的功法大都渊源有自，实在精妙，没有问题。胡

苗树林（二排左一）、张安泰（二排左二）、安慰（二排右二）、郭万龙（二排右一）与弟子们合影

先生的问题在于，他是从更旧的时代来的，他的功法是好的，但他对功法、修炼的看法确实有些问题。功法本是修炼的一种技术方法，而不是终极目的，追求终极的解脱不能单纯迷信或者迷恋某种功法，更重要的应该是心性上的修养和解脱。可以说那时候的胡先生在眼界、见地上是有不足的，他还带着传统的迷信观念。在功法和技术上追求得太过执着，有些时候忽略了心性上的修养。其实有些功法很简单，练了之后气脉上会有变化，对身心都有好处，可以用一辈子。但关键还是要有见地，有了见地，功法就是了生脱死的法门；如果见地不够，再好的功法也只是一个养身的技术；如果见地错误，说不定练功还会走火偏差。

所以我练气功得到的最重要的一个体会或者说观点就是：练气功必须要有相当程度的文化修养和健康的心理。所谓的走火入魔，并不是功法的问题，是人本身的问题，是情志有问题。文化程度较低、德行有亏缺、情志敏感的人，练功时在极静的情况下往往会出现大喜大悲，或者幻视幻听的情况。从心理学来说，这是心理暗示，自己给自己暗示，就容易出偏差。其实大道至简，我认为练气功也是如此，要抱元守一，守一不移。要有恒心、耐心，不要变，不要朝秦暮楚。练什么方法就守住，一直往下做，抱定这个方法。丹经方法很多，说法也很多，老实说多数都是说效验的，或说练功的过程，或说过程中出现的感受，但这些感受是因人而异的，并不是每个人都相同。而且那些过程和感受并不是方法。

如果让我现在来说，下手的方法其实很简单。不管练什么功法、不管用什么方法，目的只有一个，我用一个字来概括——静。丹道只是一个“静”字，这是核心。《清静经》里说：“人能常清静，天地悉皆归。”若能静下来，就天地归本。关于丹道的修行，我的理解就是“天人合一，天人感应”八个字。天人如何感应？从道经、易经上来说，要后天八卦反先天八卦。后天八卦是坎离，先天八卦是乾坤。乾坤变成坎离，变成后天，也就是人的身心。通过修行，抽坎填离以后，身心变成天地。身心变天地是什么？就是天人合一。坎离是水火，水火是身心。如果从气脉上来说，水是肾脏，火是心。心火下走，肾水上升，阴阳一颠倒就是坎离相合。然后做到身心融合，心不动龙吟，身不动虎啸。心不动龙吟，元神自安；身不动虎啸，元精自生。五行攒簇，四象和合。五行是金、木、水、火、土，刚才我们说到了水、火，但是修行不要只在水火上下功夫，要找水火的根是什么。火的根是木，水的根是金，金公木母。金和木是什么？是性和情。有人说东说西，有很多解释，但丹经上说得很明确，就是性情。性是什么？寂寂惺惺，空当中有妙处，这个里头叫真汞。木母是什么？是情。情是什么？情中有性，后天当中又有先天，是阴中之阳，是真铅，是寂寂惺惺。金是寂寂惺惺，就是在一念不生的时候还有了分明。就是说即便我们什么都不做的时候，还是要清清楚楚的，保持觉照。什么是木母？是惺惺寂寂，就是在外做一切事的时候还能保证一念不生。就是说不着在上面，不黏在上面，自然就是惺惺寂寂。这才叫真正的铅、汞。但是怎么让汞不飞呢？铅能够制住，真土又能擒真铅。真土是什么？是意，意土。意说白了就是观照。至于“观照”二字，想彻底弄明白，就要明白“三心”：人心、道心、天心。“三心”是我个人的观点和总结。“三心”中人心是妄心，天心是妙心，是根本的清净之心，人心和天心要靠道心相攒簇。道心即是照心，拿道心去照人心，自然能够合天心。这是一个重要的观点，其实这个就把丹经说清楚了。

在气功的修养上，我的这些理念和观点，可以说能够把下手的功夫讲明白。真正的丹道修养并不在气脉和感应上，这些感受是附带的。有没有呢？客观地说是存在的。而这些气脉修炼，最多能强身健体，保养身体神气，和道无关，不是真正的内丹。“丹”是什么？丹是大道。大道是无形的，并不是有相的。所以具体到丹功附带的叩齿咽津、存神服气等，都是一些具体的方法，并不是真正的大丹。可以说都是术的方法，和道没有关系。可这些方法有没有用呢？我们的身体常有疾病，身安则道隆，你有方法才能调节，所以这些术、这些功法还不能忽视。道家求长生并不是长寿，长生与长寿不是一个概念。长寿指与天地同寿，是说得道之后的境况，不是肉身永生不坏。肉身可以得长寿，但并不可以得长生，肉身不会永远不坏不死。追求长寿的目的是什么？是保证我修行，不能没修成就死了。如果到下辈子又迷糊了，不一定有机缘或者慧根修道，所以说要把此生寿命延长。假如一个人二三十岁就死了，还修什么呢？世上没有几个颜回，颜回三四十岁去世能成复圣，而我们普通人三四十岁可能还在找修道的路。所以道家对身体重视，对寿命重视，并不是贪生怕死，而是为了有更多的时间去修道、得道。揽阴阳，夺造化，扭乾坤，转气机，这是道家的一种思想。阴阳、造化是什么？就是性命，揽阴阳、夺造化就是让他不生不灭。乾坤、气机是什么？就是身心和天地。扭气机是说我们在生活当中处处有气机变化，要主动把握阴阳，这是真正的丹道。

和胡耀贞先生学习的时候，我能够很快理解他的思想，掌握他的功法，甚至可以准确地进行归纳和总结，除了以前读书、习武的积淀之外，还得益于力宏和尚。力宏和尚传授给我的佛学知识、佛教信仰和佛教的修行方法让我在心性修养和见地上都有了相当的基础，所以在接受丹道时，我并不觉得吃力，似乎是顺理成章、水到渠成的事情。鉴于此，我也想对当下或者后来的修道人说几句，无论修哪一门、哪种法，书不可不读，理不可不明，信不可不坚，心不可不诚，见地不可不高，功夫不可不恒。

丹道与玄关的功法层面

刚才说了一些见地上的话，具体从功法上来说，下手方法无外乎拿住丹田。胡耀贞先生就强调“拿住丹田练内功，哼哈二气妙无穷”。一句是说丹田，一句是说呼吸，见效最快，对身体也是最好的。需要注意的是在火候上要把握好。比如没病的人，平时练功就用文火，有病的人就用武火，强呼吸。呼吸分为风、喘、息三大类，喘、息好理解，“风”就是呼呼地吹，用意念往丹田吹。鼻吸鼻呼，能听到声音。几个呼吸之后，丹田就慢慢地变暖和了，这时治病是最快的（有病的时候，哪里有病就想哪里，意存病灶，或者干脆守丹田）。当然这个必须要有一定基础，不是练一天两天就管用的，前提必须是能气沉丹田。

气沉丹田如何沉？就在“松”“紧”两个字。形体上中正安舒，不是前俯后仰，形体不安舒规范，气息是怎么也通不来的。肢体动作就好比是自来水管道，你把它铺顺了，气息自然就能流通，进步的速度自然就快。再者是放松，放松以后身心没有阻碍，更顺畅。就好比同样一根水管，流线型的和有曲折的就不同。如果是流线型的，水“唰”地就过去了；如果你一折，全是死角，就憋住了，水的流速就慢，甚至不流动。如果放松了，里面是通畅的；如果僵硬了，里面是堵塞的，气息自然就不顺畅。所以说姿势很重要，要以中正安舒为主。

身心安舒了，形体摆好了，其次就是用心的方法。这里就要说说玄关。玄关一窍，有内玄关、外玄关之别。玄关一窍，从理上说，不在内不在外，其实和佛性、道体是一回事。我们的举手投足、行立坐卧，都是玄关的作用。人和天地万物如何相接呢？就是用玄关。不在身内，也不离身内，不即不离。如果说非要找一个窍位作为下手方法，最相似或者说最稳妥的就是脐内。因为脐内藏一点真阳，脐带一剪，先天的一点真阳就落在了脐中。而脐又连通两肾，肾是先天之本，所以说这个地方是气穴。男藏精女藏血，都在这里，所以这是一个窍位。关于这个窍位，也有争论。有人说在脐下一寸三分，有人说在脐下三寸，并且这些尺寸说的是人直立的时候肚脐的正下方，其实这样理解是不对的。真正的脐下，是说躺下以后的肚脐下面，并不是人们说的直立时肚脐的下面。躺着的“下”，站起来应该叫“内”，或者叫脐后，一字之差，悬隔万里。简单地说，古人说的“脐下”就是指“脐内”，就是肾和脐中间，前三后七的地方。如果是身体健康的人，就守前三后七，如果是身体虚的人、患有疾病的人，就守前七后三。守靠命门的地方，就是所说的玄关。

玄关说清楚了，再说说精、气、神三宝。精、气、神三宝要分清元精、元气、元神、交感精、呼吸气、识神几个概念。元精是一种能量，看不见的。人们常说精神、精力，有了精才有神，有了精才有力。男人的元精叫精，女人的元精叫阴精。元精是人的能量。元精和交感精的区别是，元精是不动念头时候的能量。一有了男女的欲念或者说情一动，元精便成了交感精、浊精。所以古人说“情一动，精必摇”，并不是男女交合的时候才变，一动念就变了。这种变化便生了渣滓，即生了有形有质的东西，只不过没有泄出来而已。所以在要泄或者遗精的时候，点穴、呼吸等方法都没有用，回不去了，已经变成了别的物质，变成了血，常听说有人用功不慎会尿血。这是说精。

什么是气？气有先天之气，有后天呼吸之气。在练功时，要善于调用后天呼吸之气。呼吸之气是什么？就好比是煽风点火的效用，是一个引子。好比放炮，爆竹要有个捻子，用捻子引燃爆竹。呼吸之气就是捻子，用这个气去引动先天之气。精如何化气？从气脉上讲，水上火下，以火烧水，水就汽化了，精就变成气了。

从生理上说，气要化为神。神有元神和识神之别，我们常说的精神衰弱，和气有关系，气力一衰弱，精神也衰弱。识神是我们后天的思维。元神是什么呢？元神是不动的、清净的、先天的。但是元神当中又有后天的，它有作用。识神当中又有先天的，阴中有阳，阳中有阴，太极图中只说这个。禅宗说是惺惺寂寂、寂寂惺惺。道家说是真铅、真汞，阴中之阳，阳中之阴，先天中是后天，后天中是先天。刚开始分先后天，到后来就不分了，是一体的，后天是先天，先天也是后天。

我跟胡耀贞先生学功法时，胡耀贞先生主要强调守三个窍：丹田、命门、会阴。最终胡先生对丹道的理解还停留在功法上，认为是要有功能的，要出来超乎常人的特殊的东西，然后还追求一个长生，他还迷恋双修。他一直在走下三路，老是在这些地方做文章，老是过不了欲念这一关。因为精一生，人的欲望会更强，守不住就要出问题。所以胡先生最后还是吃亏在这个上头。

王玉凤：丹田有三

除了胡耀贞先生外，我还跟王玉凤先生学过。王玉凤先生是个奇人，先天就有一些常人不具备的能力，不是完全靠后天修炼的。他的功法不止一家，道家的和佛家的都有，混合在一块儿了。过去王玉凤的东西是保密的，他相当保守和谨慎，绝对不和人说。我开始的时候没想着和他学什么，只有单纯的一个目的，就是向他请教或者印证一些我从别的老师那里得来的东西。接触得多了，他见我没有什么不好的心思，也就和我说了一些东西。他说丹田有三。之前我从龙门派学到的是祖窍藏神、膻中藏气、脐内藏精，这是三个丹田。王先生说的是什么呢？他说上丹田在脐内，中丹田在两睾丸的中间，下丹田在会阴，这叫三田。一开始我很怀疑，但是有时候我也仔细考虑，在提肛的时候睾丸中间确实会麻一下。藏精不在肚脐而是在睾丸，现代医学也可以证明。守窍守哪里呢？中丹田，他说的中丹田就在两睾丸中间，男人就守那儿。这有个好处，就是行、坐、站的时候，没事做就想着睾丸中间，一个月就能出功能，什么出阴身之类的都能出现。王玉凤先生讲的东西，最不同的就是这些。

我跟路开源先生也学过丹道，路先生对这个的理解不一样。路先生不喜欢那些玄虚的东西，他更重视心性和见地。比如他讲精、气、神三宝，就是佛教的身、口、意三业。他说身体乱动就走了精，意念乱动就走了神，嘴巴乱动就走了气。精、气、神三宝，身、口、意三业都在这儿。守住了身、口、意三业，自然就有了精、气、神三宝。这是独一无二的说法，我见过很多修道的人，没有这么讲的。依照路先生的意思，守住身、口、意，自然就有精、气、神，三宝自然充实，不用刻意去练。当然他也练拳，也练其他功法，只是他对三宝的理解是这样独特。上面漏的是神，中间漏的是气，下面漏的是精，身体累了容易伤精，包括妄动也都伤精。路先生在四川时，接触过很多道家的异能之士，学过这些，再加上他本身有文化，眼界高，所以他的理解又是一套，算是各有妙悟吧。

丹道的气沉丹田、丹田内转，路先生也讲，只不过他是从武术出发来讲的，他讲的丹田也是脐内，不是脐下。他赠给我的手抄拳谱里，有一节就专门讲意守脐内。气沉丹田首先是通过自身结构沉下去，然后就是丹田内转。丹田内转如何转呢？路先生通过他的一套功法，让它侧转、立转、平转，转起来对内脏有好处。所有的动作用丹田内转来带动，其实也没有先后、内外，内动外动是相互作用的。有一种说法是脑要静，腹要动，其实是很符合丹经的科学练法。不过古人说“真传一句话，假传万卷书”，气功流行了好几波，我看气功的一些现象看多了，发现多数是盲修瞎练。从修行上看，从生死上说破，最难断的就是男女之爱欲；从身体上、气脉上讲，最难断的也是这个。歌诀说：“宝剑插在三江口，管教黄河水倒流。”三江口是指任督脉和阴跷汇集的地方，就是一个交叉点。宝剑是什么？是一把慧剑，就是清净的心。这个是根本，但多数人做不到，一到这儿就遗精了或者有房事了，吃亏大部分还是在这上头。其实不光是修丹道，包括学佛在内，如果在爱欲上面站不住，看不破，最终还是一场空。见识不到，定力不够，不能了生死。但只要是可靠的功法，一般不会有偏差，很少有人在功法上出问题，大多是在情志、学识不足，理解不够上出的偏差。一切功法，无外乎守窍、念诵、呼吸、观想这些方法。佛教叫观想，道家叫存神，或者叫出入息，或者叫六妙门里面的，或者叫安那般那，都是讲呼吸上的方法。在念诵上，佛教念阿弥陀佛、念咒、念圣号、念经，道家也一样。其实所有的方法无非是一个目的：收摄住身心。身不妄动，心不妄动。身不妄动，自然就元精生；心不妄动，自然就元神安，自然就龙吟虎啸，水火既济，心肾相交，铅汞相投，全在这里面了。

气降丹田、丹田内转，丹道如此，要练拳的时候也是如此。我常要求学生在练拳时眼平舌卷、气沉丹田，眼睛平视，眼神跟上。眼是藏神的地方，绝不能闭着眼睛练拳。就是不动的情况下闭住眼，神是安的，但动开以后眼神必须跟着你的动作走，跟着神走。精、气、神才能调动起来往外放，所以眼神必须要有。眼平舌卷，舌抵上腭，并不是闭上嘴就完了。真正的舌抵上腭是，我们的“天花板”上不是有两个槽嘛，那两个穴位是龈交穴，要用舌头把这两个地方填满，让下面是空的。闭住嘴以后也必须是舌头在上面顶着。舌尖不在前面，而是往后一点点才能够填住。这样津液一会儿就满了，满了以后再往下咽。如果是空咽就容易起胃火。这是眼平舌卷。做到之后，再通过身法以气降丹田，使丹田内转。后来我也老了，练什么都练得少，日常最多的就剩下念诵，反而愈加觉得念诵对修养有不可言喻之功效。现在常念诵的有观世音菩萨的圣号、《普门品》《大悲咒》，主要是《大悲咒》。在念《大悲咒》的时候，用金刚持，唇齿微动，声音不大，自己能听到就行，不大声念，也不默念。默念伤血，大声念伤气，这就是我常让学生们注意的地方。比如教学生站桩练拳，让他用练拳的呼吸方法去念佛，结合出入息念佛。吸气从督脉上来，提到百会，呼吸下去走小周天路线。吸气“阿弥”，呼气“陀佛”，或者吸气“观世音菩萨”，呼气“观世音菩萨”，转着念。调息的同时，气也自然地练了，佛也念了，还能收摄住心。这是我晚年总结的，用来教人的。还有一种，可以专诵六字大明咒，念诵时走六个明点，随着咒音观想明点，能通中脉。

下编

安慰先生武学遗录

拳理探微

拳理归约

任何拳术皆是通过协调四肢的动作，于外使技发力以显技击之能，于内收回涣散之精气，以达修养之效。虽历代拳种繁多，风格迥异，理则不外“形、意、气、劲”四字，于形而言又有“中、和”二字。“中”有两层含义，一为立身中正，不偏不倚，正则八面支撑，纵向立如秤之准，横向方能活似车之轮，前不过足尖，后不过足跟，进退须守中，左旋右转亦须守中；二为伸手投足必发之于中线，三尖相照，方可顾打兼备，力点准确，劲力均整，处处不离中心，方能圆转变化无死角。“和”可理解为六合之意，外三合（手足、膝胯、肩肘）得法，上下方能相随，游走变化转换灵活。形式合，速度方能快，劲才能整，如常山之蛇，首尾相应，而立于不败之地。此二字皆以自然安舒为统摄，形贵自然而不尚奇特，大道至简，形愈简，理愈明。形式愈奇特，则离道愈远，技击时亦无可是处。拳术高妙之处正在于，以最简洁之形式，练出最深厚之功夫。此不可不知也。

有形无意之拳术难至神明，意之一字，微妙难思。如站桩时形体不动，意想手往上扶，则有上扶之力；意向下引，则有下按之力。虽形不破体，外人不见其劲，然如人饮水，冷暖自知。古人云："心想事成。"拳术中体现尤为明显。在形式中正的前提下，意守丹田，用功日久，丹田则有热胀之感；意守劳宫，劳宫感觉亦然，其实全是意之作用，并不玄妙，也甚玄妙。故古人云：知之一字，众妙之门。一切法从心想生。圣贤之语，不欺人也。然又不可着相，意为人心所变化，不可认作真实，视为渡水之筏可也，学人须细辨之。天为一大天，人为一小天，人之行住坐卧、呼吸往来与天地宇宙同根同体。故行拳时要有意境，情景交融，内有情而外有景，外睹景而内自生情。内家拳术中，近取诸身，远取外物，龙虎之形，金木之性，象形而取意，用意而生形，至神明时，拳无拳，意无意，无意之中是真意。然进阶之中，非用意无以显其形，非用意无以化其象，非用意无以现其景，非用意无以生其情，意之用大矣。

今人一言气，皆感神秘莫测，虚幻不实。实则人在先天之时，神气充满，百脉畅通，及至后天，沾染五欲六尘，食用油甘厚味，经络闭塞，神气亏损而不觉。若得神气回收，气机充满，必由形与意中来。形正、体松、意静，气机自然可归经纳络，充实而畅通。先天气加意而化形，后天形合意而生气，此种关系务要明了，切不可徒自吹嘘吐纳，意念导引路线，有心御气，气反奔腾。气以直养而无害，果能为人行端表正，一颗直心，不养气自能达天年通造化，为术若能形正、体松、意静，自能不用气而气自充，力大劲整，御敌保身。

形、意、气、劲互为表里，又层层递进。常人打拳踢腿曰用力，劲又为何物？气聚于内而不发曰养气，发于四肢项背为运气。物理学中力是质量乘以加速度，用意做出合理顺遂之形式，调动自身质量加以速度再合于气机，发之于外，便是劲。简言之，劲是形、意、气三者结合之产物。劲之形式曰刚、曰柔、曰长、曰短、曰曲、曰直，皆是形之变化、意之生成、气之催使。故高明之拳术，必是形、意、气、劲四者相辅相成，离其一则其余三者皆不成立。故习技者在此四字上多加明辨，勤用功夫，三冬两夏，功自成矣。

拳术十字辨

武术拳种虽不可胜数，然演练之理法最切要者可归结为“形、势、刚、柔、顺、逆、动、静、起、落”十字。而此十字皆以“阴、阳”二字统驭之。

一、正形势

形即每个定式静态之有形，势即定式过渡动态之无形。形宜正，势宜圆。习者多是重形而轻势，殊不知，形无势则无以变化，势无形则无所依存，形正则气力可充，势圆则劲节方显。每个定式务要精准，符合外三合之规矩，三节催，四梢齐，在过渡之时必要流畅圆满，不圆则致丢劲、断劲。《太极拳谱》云“无使有凹凸处，无使有断续处”，正是此理。形中有势，势中有形，此阴阳相生之理也。

二、辨刚柔

“刚柔相济”一词已在形容各种艺术形式时被用滥，每见武术表演中，忽而硬，便谓之刚；忽而软，便谓之柔，诚可笑也。刚柔是一整体，所谓刚柔相济，并非一会儿刚、一会儿柔，刚与柔同时贯穿于整个拳术演练过程中。何为刚？柔中之刚，硬而有弹性，谓之真刚。何为柔？刚中之柔，软而有韧性，谓之真柔。含蓄之时，显柔而隐刚；发放之时，明刚而暗柔；既刚而柔，既柔且刚，此为刚柔之真义，亦是阴阳之妙理也。

三、明顺逆

孙禄堂先生的著述中多言“顺中用逆，逆中用顺”。顺逆实为演习武术之关要，手足向前运动之时必有向后撑靠之意，向左必有右牵之意，后退有前探之意，向右有左引之意。手起而身落，手落而身起，顺逆互用，方能八面支撑，不致有双重之失，而能立于不败之地。顺逆明了，则保身形中正不倚，力点准确无偏，筋骨撑拔，气血充盈。顺逆互生，可显阴阳和合之功。

四、知动静

“养灵根而静心者，修道也。养灵根而动心者，将敌也。”形意古谱中此句将动静之意已诠释明了。动静互生互化，静可修心养道，动可将敌保身，然将敌中亦有动静，修道中亦有动静。演习武艺形意相合，动作之时，神意守于四肢，知行合一，为动中之静；修道时，外则端坐寂然，内则气脉流行，为静中之动。若单言武艺，打拳踢腿专注于动作屈伸往来，意到、气到、力到，用功日久，亦能生静，若以修道而言，此中静境亦有局限。静须动中引，动须静里求，“大动不如小动，小动不如不动，不动之动方是生生不已之动”。若是静功已至极处，明心见性后仍需事上磨炼，则不妨说“大静不如小静，小静不如不静”，又何来动静之分？

五、懂起落

形意拳尤为强调“起落”二字，其实不独形意拳，任何拳术皆不离“起落”二字。起落非高低起伏之意，周身每个拳式过渡之时，或曰拳掌将发未发之际，是为起；落则是拳式固定之时，或曰拳掌已发之时。起时身横、手横，前足亦横；落时身顺、手顺，前足亦顺。一起周身起横钻，一落周身落顺翻，身之蓄发，配以手足之横顺钻翻而致有顾有打，起横钻时为顾，落顺翻时为打。至高级阶段，顾打一体，起也打，落也打，钻也打，翻也打，一触即发，不钻不翻，一寸为先。

若能参透以上十字，拳术功夫自然不俗。在演练时，又须合乎武术普遍之理，彰显本门独特之能，将每种拳术之风格特点体现淋漓，发挥尽致。遵共性，显个性，必能光先裕后，继往而开来矣。

三拳一圆

形意拳为直进守中，手旋转打立圆；八卦拳为横开守中，步旋转绕平圆；太极拳为原地守中，腰旋转画混圆。

形意拳的整体运动形式多为直进直退，直进以纵方向夺他人之正面重心；八卦掌的运动形式多为旁开侧进，侧进以横方向取他人之横向重心；太极拳的运动形式多为半弓半马步，以自身劲力之方向变化改变敌之劲力方向，使敌失重。故三家拳理之精华分别为：形意，脚踏中门抢他位；八卦，旋转变化进彼身；太极，引进落空合即出。

形意拳看似直进直退，实则直中寓圆，体现在手之钻翻，直进时皆内裹外翻，处处有螺旋之意、转动之形，钻翻螺旋皆在身前立圆各点之上，由此而演为五行拳。身前立圆，由内向前向下为劈，由内向前向上为钻，由内向外向前为崩，由内向外向上为炮，而于立圆中任意一点加以钻翻为横，处处不离钻翻，故说四拳皆由横拳生。立圆之上各点内旋外转，使彼之来力偏于己之中线，此形意立圆之妙。

八卦拳以步绕圈，以彼为圆心，脚走切线，顺彼方向，以步法切开彼之来力，切开彼之正中，而守吾之正中，以吾之正中打彼之横中，步动而手不动，步切八方，手居中宫，步切八方以避彼之中，手居中宫以守己之中，此八卦平圆之妙。

太极拳以腰为圆心，腰与手之距离为半径，以周身为一立体之圆，彼之来力不论落于圆上哪一点，即以腰为圆心，手为接触点，圆心转动而带动接触点之转动，使彼之来力受离心向心之力而偏离，彼即失重。顺彼之来力稍加作用，彼必败矣，此太极混圆之妙。

三拳于一圆上各有妙用，一圆化三拳，三拳合一圆。

履中蹈和

无论何种拳术，皆是以中正和顺的姿势，纳散乱之神气于丹田，达于百骸，寓攻防技击之理法于身体进退伸缩之中。拳术中以形式为最要者，形式正则劲路畅达，形到则气到、力到。初学时，务须求形式之正确。形式之要无外“中和”二字，《中庸》云：“致中和，天地位焉，万物育焉。”若言道用，喜怒哀乐之未发谓之中。若言术法，中有三层意思。

其一，身体中正不偏。谱云：“立如秤准，活似车轮。”立轴中正，平轴方能圆转，可思磨盘之轴与盘之性状。无论手足进退伸缩，皆要中正无偏，形不破体，力不出尖，前不过足尖，后不过足跟，左不过左膝胯之中心，右不逾右膝胯之中心。如运动换步时，重心在左腿，上身中正，将左足当两足想，将上身之力完全落于左胯、左膝、左足垂直的一条线上。而常人于此处多不注意，每将重心落于左胯之外，左之又左即双重，虽能立住，而于步法进退纵横多变时，则转换不灵，形式偏而气劲亦不得归中，步法之灵活与否，全在此处，尤需注意。

其二，守中线，用中线。形意步法多为直进，谱云：“脚踏中门抢他位，就是神仙也难防。”中门非单指彼两腿正中，而是指彼重心之所在。后足蹬，前足踩，夺彼之重心，彼必失重而倒，以彼中为吾中而夺之，此为形意进步之要也。形意拳有“硬打硬进无遮拦”之说，而前提必须是两手出入于中线，两手虎口与嘴合为一线，所谓“三口并一口，打人如同走”“出洞入洞紧随身”。“洞”亦是指中线，手由中线出入，加之内裹外翻，彼之拳打来，自能顾打兼备，彼之力一触即偏。沿中线直进，进时须边进边旋，似直而实曲，务要使三尖相照，并设法使彼之手足偏于中线，自能胜彼。所谓你打你的，我打我的，不招不架，只是一下，而守中用中是其保障。

今之习练八卦掌者，手在圆心而眼不视于虎口，致胸前折成死角，此皆不懂八卦之守中也。八卦出掌与彼接触，手不动而步转，步转之时，目视虎口，鼻尖、指尖相对，步法随彼之变化而变，而手始终不离已之中线，自能身形满而劲不亏。守己之中线，避其正中，致彼斜后方，打其横中。八卦之八方变化固然重要，而中宫之不变为重中之重。

太极以腰为中，主宰一身之变化。行拳走架时，以尾闾为中轴，带动周身画圆走弧，将腰间正中作为一点，与指尖、鼻尖相连而成线，化、拿、发、打皆以此三点为一线，守己之中线，而引彼偏于中线，彼既失中，则必手足散乱，形散气浮而败也。太极拳两手各主一边，有手不过中之谓，左手为主，目视左手，鼻对左手，腰自然左转，自不失于中，右手为主时亦然。若左手已过中线，则以右手与左手相交，以两手相交之点为中而找回中线，自能不败，此即太极拳中十字手得中之妙用。

其三，大道必顺乎自然。拳术欲得其自然，必要使劲力无过而不及，取其适中，必要调和刚柔、上下、内外、虚实，不偏于此，不失于彼，相生而为一体，皆以中庸之理一以贯之。乃至于练与养、动与静之关系，中不偏，庸不易，守中道，勿偏执。习拳如此，万事之理亦复如是。

和亦有两层意思，一为顺遂，二为统一。无论何拳式，皆以顺遂为要，力贵顺遂而不贵大。而力之顺遂与否，取决于形式是否顺遂。形欲得顺遂，必要统一为整体。欲得统一，须立身中正，头顶、项竖、肩沉，含胸拔背，肘坠腰塌，胯松膝屈，并使鼻、手、足三尖相照，外三合合住，肩胯、肘膝、手足之方向皆为一点，使周身之力聚于一点。至于内三合者，只需形式合住，筋骨撑而肌肉松，自然不运气而气自充，不用力而力自雄，意之所至，气力即随手足动作而至。然亦须知内三合与外三合之关系，外在形式能合住，心意、力气方有作用之处，心静而意敏，手足动作方能听得使唤，摆放规矩，并能灵活变化，故知内与外须同时着意，不可分而习之。

心愈静而意愈灵，意愈灵则手、足、胯、膝等皆能符三合之规矩而灵活变化。身手愈规矩，则式愈顺遂；式愈顺，则气之流行愈速，力之所至愈沉实。形式气力愈合，则心愈静，意愈灵，此身心互为作用，内外一体之理也。

套路演习

新中国成立后，武术进入了一个新的发展阶段，在“高、新、难、美”等要求下，武术套路变得徒有其表演之形，而无技击之实，加之影视作品的夸大，以致世人对武术套路存在两种极端的成见：一是难度过高，深妙难测，脱离真实；二是动作花哨，无实战作用，武术等同于舞术。近年来，亦常闻武术界之人言：传统武术不用练套路，套路是给人看的，毫无实战意义。

以上种种说法皆有失偏颇。首先，套路是前贤将实用的散招用合理的路线式法串联而成，只练散招，则劲力无以连贯畅通，实战时劲力难以变化；其次，每个拳式在过渡之时的高低纵横、腾挪闪展，以及身法、步法、眼法、手法之吞吐收放开合束展，必须在套路的习练中得到充分锻炼。

武术中演法、练法、用法三者是互为作用之整体。练法强调规矩，在练习中必循规蹈矩，式式皆要中正齐整。演法则要夸张，要在练法之基础上充分表现手眼身法步之纵横腾挪刚柔动静，演者有情，观者有景。至于用法，则强调变化活泼，运用之时发于自然，心至手追，活泼泼的，全凭平日之功，然又不可拘泥于平日之功夫。若无平日演练，便无身法之闪展腾挪，劲力之刚柔变化；若拘于平日之动作，则手足僵直，式死气浮，意涣神散，不堪一击。此辩证之理，不可不知，故练、演、用，三者缺一不可，各有其用而又不可混淆。练时只专注于手足身眼、规矩法度，演时将练法夸张，表现吞吐开合之形、连贯一气之势、无人似有人之意，用时要用搏人之意识、勇猛平和之气势、审时度势之心思，则自能将平日演练之功夫自然活泼地运用出来。

因此，套路是由练法到打法的必由之路，是武术中练习乃至传承的重要载体，贵在练习者如何认识它、习练它、运用它。

形意、八卦进阶之法及打法要略

一、形意、八卦进阶之法

学艺者皆应循序以渐进，且应具正法眼，择其最善者以习之，不致劳形费力，辜负光阴。初习内家拳者，应先求开展，择弹腿、长拳等习之以活腰腿，且能熟习弓马扑歇虚等步型，进退腾跃等步法，拳、掌、钩等手型以及踢、蹬、踩、踹等腿法。今之习内家拳者，多不重视腰腿拳脚的基础，以至于步法、手法含糊不清，踢腿弯曲，力不顺畅甚至弯腰驼背，还美其名曰“此种身法适于实战”，真是可笑可叹。殊不知旧时形意、太极、八卦等门的名手，习内家拳以前皆有其他拳术基础，故后习内家拳方能得心应手。

有了一定的长拳基础后，可正式习内家拳。习拳首重站桩，然桩亦不可死站，须与基本拳式如劈拳、转掌、懒扎衣掺练，不致枯燥，且互相较正，得劲长功更快。站桩是每日必行之事，贯穿于习武者的一生，既是基础，又是提高。桩功稳固后，可习基础拳式，形意精华全在五行拳；八卦之要尽在转掌，由规矩到自然，由整肃到活泼，待基础拳式上下内外皆合规矩后，再习套路以活身法，加强手眼身步的协调性，通过基础拳式与套路的习练，渐达内外三合的标准。

由练法到打法过渡，必须强化步法的训练，一身之法全由步法主宰，能打人否亦全仗步法。内家拳步法最重要者，有直进步、直退步、三角步、鸡步、摆扣步、迂回步、九宫步，形意之盘根中有八卦，八卦的直蹚中有形意，可见形意与八卦互为补益。

训练步法的同时可配以极简单且最实用的手法，直进步可练劈拳、崩拳、穿掌、塌掌，直退步可练捋手、砸拳，三角步可练虎形、撞掌、托掌、阴阳把、铁门栓、狮吞手、天地手等，鸡步可练塌掌、鼍形、狮子滚球，摆扣步配以单双换掌，迂回步可将所有手法穿插其中，三步一手、五步一手、七步一手，步快而手慢，尤须身手步极其协调，上下相随，内外相合。最后习九宫步，于九宫之中任意穿梭往来，身随步转，手随步换，八掌、五行、十二形于步法转换进退曲直之间自然生成，不意而发。

又需将手法化开，以斩、截、裹、胯、挑、顶、云、领及推、托、带、领、搬、拦、截、扣为指导，由大动至小动，从大圈变小圈，先有形后无形，由重形轻意，形意并重，重意轻形，而达无形无意之境。平素再加以抖大杆、打沙袋等辅助功法，以长发力之功。找一对手对练，先将式法拆开，互相喂手，渐渐拉开距离，真打实操，其要在于审彼未发之机，见手之机，变势之机。若学者能按上述方法循序渐进，善思笃行，自能将吾国武术发扬光大，在当今世界武林中立于不败之地。

二、打法要略

1. 打法总则

眼毒而锐，身稳而活，手快而准，步沉而灵。

（1）守中用中不离中，手出入于中线；在步则以我中宫夺彼中门（形意），或避彼中门守我中宫（八卦）。

（2）取根而忘梢，勿理会梢节，直取肩肘身。

（3）打人如亲嘴，舍己身入彼身。

（4）交手占磨心，以己为磨心，彼为磨道。

（5）不怕前手，专防后手。

（6）顾打皆须螺旋滚动，顾即是打，打即是顾，不招不架。

（7）以近迫快，着肉分枪。

（8）变化时单重，踩鸡步；作用时，实腿蹬，虚腿踩，落为虎步。

（9）进步先进前步，退步先退后步。

（10）进步低，退步高。

（11）形不破体，力不出尖。

（12）变化时缩小绵软巧，作用时冷弹脆快硬。

2. 八不打

一不打泰山压顶，二不打两耳封门，
三不打咽喉气管，四不打胸口穿心，
五不打乳下双肋，六不打海底捞阴，
七不打腰间两肾，八不打尾闾中区。

3. 八打

一打眉头双睛，二打口上人中，
三打耳下穿腮，四打背后脊缝，
五打两肘骨节，六打鹤膝虎胫，
七打腿下踝骨，八打脚背趾胫。

习拳经验

（1）天地间万物皆有感必应，内有感外有应，天与人小感小应，大感大应，拳术亦是感应。书法、绘画皆是心内对外界自然有感而应之于纸笔，拳术感于天地宇宙三才、四象、五行、八卦之性，乃至龙、虎、猴、鹤之形而应之于身手内外。

（2）习武须心诚，心诚则灵，心诚方能意静，意静方能使形式得于中正和顺。

（3）养生之道，只一“静”字而已，加之饮食有节，起居有常，保精、养气、守神，自能长生久视。

（4）无论何种拳术，目的皆是为打通内气，使周身一家。

（5）一身之法以头、肩、胯为最要。

（6）形意拳五行练劲力，十二形练身法。

（7）三拳打法要义：太极，引进落空合即出；形意，脚踏中门抢他位；八卦，旋转变化进彼身。

（8）“松”与“静”二字最难，拳之高明与否以松静之程度为判。

（9）练拳即是练己一身之阴阳，习技之过程即是不断平衡阴阳而使之统一的过程。

（10）太极拳要以王宗岳《太极拳论》为宗，形意拳要以岳飞《九要论》为宗，八卦拳要以《八卦总歌》为宗。

（11）意到、气到、力到是理，用意不用力是法。行拳用意不用力是过程，意到、气到、力到是结果。用意不用力而气自到，气到而力自至。

（12）象形还须取意，任何艺术不离取意。书法之笔法类拳术之劲法，结构类拳术之形式，结构影响笔法，笔法影响结构，互为作用，拳术中劲力与形式亦是互为作用，相互影响。

（13）大书法家颜真卿论笔法有“屋漏痕”之喻，恰合拳术内劲“渗之遥遥”之意。

（14）身法与劲法是习拳之关键。

（15）练武之过程：从无到有再至无，积柔成刚再化柔。

（16）五行拳融身外自然界之性质，合己身内之脏腑，天人相合，以复人之良知。十二形拳为五行之变化，由性而化命，取动物之特性显己之良能。形意拳立意可谓高矣。

（17）松可至命功之至，静可达性功之极，二者互为补益，松以入静，静以放松。

（18）用腰之法，在于用腰椎之一点，即命门处，习武者不得放松，多是用腰肌为主宰，而不知真正主宰处之故也。

（19）发力透否，脚之踩劲为关键。

（20）身躯务要中正，以胸前佩挂坠为喻，挂坠比之为气，前俯落于胸前而不能下垂，后仰落于胸之上，亦不能下垂，身中正，则挂坠垂于下，此正身以下气之理。

（21）河北形意重心在后用鸡步，山西形意多重心偏前用虎步。鸡步跟步大而定步时小，虎步动步跟步小而定步时大。变化多鸡步，打时多虎步，各有其妙，不必厚此薄彼。

（22）八卦掌手撑勾股三角，步走弧切八线，处处合于数理。然数理放之于各种艺术形式乃至于天地之间万事万物皆准，不独存乎于拳术，平数只是未能自觉使术合之于理，而理自在其中。习艺即是以术显理，以理导术，将不觉变为自觉，主动合乎于理。

（23）练时须舒展，用时要紧凑。形意三体式、八卦老僧托钵、太极手挥琵琶皆是技击之门户，全世界格斗方法的预备姿势皆大同而小异，都以三尖相照为要。

（24）内劲如水银，古谱有铅汞之喻。形式正，肢体松，意之所到，形之所至，劲自达也。拳脚自然按规矩伸出即可，愈用力愈无力，可想象甩体温计时其中水银之状。

（25）手、眼、身法、步是一个整体，初练时各个击破，分而习之，练久则合而为一，互为作用，眼带身手，手随步变，步随身换。

（26）进阶规律：重形轻意，形意并重；重意轻形，无形无意。

（27）丹田有三：上丹田，头顶百会（神）；中丹田，脐内中脘（气）；下丹田，脐下藏精（两睾丸间）。

（28）力不打劲，劲不打法，法不打化。

（29）远搭手，近靠肘，不远不近肩一抖。

（30）太极拳，轻——力量，慢——速度，圆——路线，匀——结构。

（31）顺人能得势，借力不须拿。

（32）轻则灵，灵则动，动则变，变则化，上下九节劲，节节腰中发。

（33）八快歌：行如风，站如钉，升如猿，降如鹰，锤赛流星，眼如电，腰如蛇行脚

安慰先生（左）指导推手

似钻。

（34）太极不外五圆：平面、直立、斜行、前后、自转。初时大而拙，继而小且活，终至圆不在外而在内，有圆意，无圆形。

（35）推手不可有三心：胜负心、较力心、作弄心。

拳意钩玄歌

技进乎道一脉传，明道修身非等闲。
远取外物近取身，纳卦合象演成拳。
上虚下实坎离交，内外阴阳颠倒颠。
寂然不动生妙体，感而遂通用无边。
意在形先为技艺，无形无意见真源。
身内有象皆是假，勿执此身乃成丹。
拳道妙理需明辨，不用纯功亦枉然。

百会虚悬项后靠，收颔喉头永不抛。
肩沉肘坠腕松活，空胸紧背下塌腰。
扣趾合膝裆撑圆，溜臀裹胯丹田抱。
三节催起四梢惊，五行六合并九要。
形正体松气机顺，中和二字为奥窍。
立如秤准平似轮，上下一贯三尖照。
足下生根基牢固，双臂迎风似柳条。
顺逆互生形无偏，刚柔并济拳称妙。
刚中生柔能御敌，柔中生刚术法高。
刚柔一体无二致，丢顶粘断随机到。

心为元帅发号令，眼做先锋查敌情。
立身中正撑八面，骨升肉降心意灵。

如火烧身汗毛奓，闪战腾挪四梢惊。
彼为磨道圈外转，吾则巍然守磨心。
变式单重踩鸡步，进步沉身莫容情。
进时多是前足进，先退后步不破形。
守中夺中不离中，三尖一线三口并。
手法虽有万千变，不离内外裹翻劲。
不招不架击虚处，实处抖绝把敌惊。
身不妄动诱敌进，见枪着肉自分明。
弃梢取根真精妙，内圈外门任意行。
上下相随随机变，沾身连攻不稍停。

筑基功夫

腿法

腿法是武术中最为实用的技法之一。踢腿时高不过腰，以稳固重心，立身中正，不能因起腿而牵动重心。在下肢动作之时，身体不能露形，以达明拳暗腿、击人无形之效。腿法要在身法、步法运动当中自然使用，切不可为用腿而用腿。

要领为“直、起、风、波”四字，踢蹬宜直，起者高意，练时踢不过腰，用时可随意。风，快也，劲也，踢足如波浪起伏，由腰、膝而贯足尖。手如两扇门，全靠腿打人，八式无真假，指上便打下。

歌诀

钩腿，足尖内扣擦地起；
挂腿，足跟向后重心低；
提腿，提膝避开低鞭腿；
点腿，点腿似箭要弹踢；

蹬腿，蹬在中线勿偏移；
踹腿，斜身侧胯正中奇；
踩腿，高不过膝脚横斜；
戳腿，足跟搓起点七星。

桩功

武术，简单地说，就是通过身体躯干和四肢的协调运动而达健身技击之目的。身法要求虽多，可用“六合”概括，合则阴阳生焉，万法育焉。若言外三合，即肩与胯合，肘与膝合，手与足合，外形合住，身形结构准确，力点才能在一处。桩功可以强化外三合之功，以达不运气而气自充，不用力而有力之效。有合理的姿势，才能有顺达的劲力，任何武术不出其外。高级的武术不靠招法打人而靠身法赢人，招法是死的，而只要身法合乎规矩，则进可击敌，退可保身。如肩肘不松沉，力则捆在肩肘，腰胯不塌住，下肢不能稳固，胯不松则下肢力量不能贯穿于上肢。若进退顾盼上下相随，周身一家，自能立于不败之地。

训练外三合最有效的方法即是站桩。如何方能合住？须做到头虚领、项后挺、下颌收、肩沉肘坠、腋下虚、腰塌、胯松、膝微屈等要求，尤要立身中正安舒。通过以上的动作要求而使上下一体，周身贯穿，结构准确，自然能做到外三合。外三合与内三合的关系其实就是形与意的关系，形与意在拳术中是一个整体，不可分开。形正则意静，意灵则形活，外三合与内三合是同时要求的，不是分次第的，两者同时进步，同时发展，意念静则形更能松，形能松意愈能静。总之，内外三合以要言蔽之，即形正、体松、意静。

此桩功适用于任何拳术，皆可作为基本功法习练，既可单练，又能按次序连贯练习；既是动功，又是静功，每式按气路规律编排，练功时可免枯燥之弊，外形简洁朴实，内里精微奥妙，习之既久，自可体会。

歌诀

双掌左右分两仪，扣在腹前指对脐。
推山入海随势去，架海津梁见端的。
忽而青龙升天去，怀中揽月现神奇。
黑熊反背双撑掌，白猿献果问玄机。

撑筋拔骨

古之技击家有云：筋长力大，肉厚身沉。若言修养身心，则静坐站桩足矣；若言技击御敌，则必要使气机充于内而发于外，盎然于项背四肢，非撑筋拔骨无以致用。气行于腠理，则可骨肉分离，骨节拔长，响骨齐鸣，能发惊乍之力。每见今之习内家拳技者，只追求一味之松，只擅发人，而击打力量则不足以伤人，何也？皆因筋骨未能撑拔，外者肌肉、内者气机皆不能于骤然间变化松紧，只有推搠之长劲而无击打之冷劲，若于真正生死搏斗中，恐保身亦难，更不必说胜人。

故而拳术中骨节开张、筋骨撑拔历来为训练之重点。在行功时须由松入紧，由紧变松，松到底，紧到头。尤须注意两点：一是形式中正，形不正则筋斜骨歪，加以撑拔有害无益；二是速度宜匀，速不匀则劲力气机不能流畅圆满，容易丢劲、断劲。

松而紧，紧而松，速持匀，形守中，筋如弦，骨似弓，撑拔之意备矣。

歌诀

双手开天地，猛虎硬推山。
开弓不射箭，日月一肩担。
青龙探明月，回首望沙滩。
海底寻珠去，升天入云端。

发力

桩功既固，筋骨既撑，气力既充，当于站桩行功之基础上将力发之于外，方可为套路拳架及实战技击打下基础。尝闻人言：“劲力蓄而不发可，养住气血，发力过多，则气血亏虚。”此正是不明技击与养生之理也。若言养生，贵在心静、气平，发力放劲只需动作合乎规矩，顺乎自然之力，则绝无害矣。发力不等同于拙力，力贵顺而不贵大。力即质量乘以加速度，将自身质量配以合理顺遂之身法，使关节肌肉松开，筋络骨骼撑拔，再加以速度，便是发力。拳谱云：“意到、气到、力到。”气且不言，意紧而敏，形正而松，势顺而圆，则不用力而力自充矣。若如此发力，于身体有何害焉？何况人身气血筋骨只收不放，只蓄不发，亦不符养身、摄生阴阳之理。

每见有习内家拳者大腹便便，动手之时只有推搡之功，而无爆发之能，若真正格斗，此难以胜人。

技击之时，劲力有明有暗，能长能短，若是较技则长劲有余，若言搏杀则非短脆冷弹之力不能。是故力应顺乎技击养生之道，不可不发，而又应顺乎刚柔并济之理，发而不发。

发力时或拳或掌，务要身正、步稳，拳拳必由中线滚入滚出，肩松肘顺，又须自根节而梢节，松开胯骨以腰带动，上催肩肘，下催膝足，节节贯串，力达拳尖，此发力之要义。

歌诀

不丁不八当阳站，力在方圆不出尖。
松开肩胯腰为轴，两拳相争要螺旋。
高低纵横三节齐，拳拳正对鼻准间。
立如秤准活似轮，力贵顺遂法自然。

练步

步主一身之进退顾盼，载身法、活势法、生手法，习武技击、胜场赢人莫非步也。每见习武数年而交手变化不灵者，皆是失之于步也。《九要论》云："有定位者，步也；无定位者，亦步也。"故步既宜沉稳，又宜灵活。实战之时，变势避敌为单腿重心之鸡步，落势击敌为双重之虎步。单重灵活，双重沉稳，各有其能，不可偏执于单重双重。在前在后，当进则进，进宜低；当退则退，退宜高。总之，高低进退、挪转顾盼，顺自然之势，用合理之步，总要一气贯穿，身心协调，上下相随，内外相合。

步既是身法、手法的枢纽，又是身法、步法之延伸，周身本是一家，不可分而视之。静态为步型，动态为步法；步型以工整为要，步法以灵活为能。步型分为八步：虚、歇、马、扑、弓、独立、绷、中。步法有寸、垫、过、快、践、进、退、转、侧等。现将八步合为拳套，以便初学者习练。

歌诀

白鹤展翅待凌空，犀牛望月广寒宫。
二郎担山骑白马，霸王举鼎气力雄。
黑虎擅使掏心式，哪吒闹海波浪汹。
大步流星向前赶，泻下一捶肚当中。

辅助功法

拳术功法分内外，内练气血，外练筋骨。虽侧重不同，然内亦练筋骨，外亦练气血，互为表里，不可偏废。内家拳术善于内养，外家拳术长于横练。若言养生，内养足矣；若言运用，无横练不能。如出拳虽有力且顺遂，然若腕力不足，击于彼而伤在己；若指力不足，擒拿虽巧，亦不足稳操胜券。须知负重、击物之功目的是在紧张、沉重、力有阻碍之时仍能将劲力自如运用发放，绝不是为用力而用力，为负重而负重。旧时拳术家皆有其独门锻炼方法，如太极拳家葛书元先生练拳时双臂挂三十斤石锁；何月波先生走圈时腕上挂大铜壶，身穿铁马甲，手抓泥馒头；刘殿琛先生以单掌塌击榆木板以增掌力。由此可见，外功亦为内家拳不可少之功也。

古之功法虽多，然于技击一道效果最显著者不外加本力、助爆发力、增击打力、强抗击力。现将收效快而显著者列举八种，供参考练习。

（1）卧虎功以长指腕之力。

（2）抖杆功以长爆发之力。

（3）塌板功以长沾身寸力。

（4）拧棒功以长拧裹之力。

（5）举哑铃以长托举之力。

（6）拉硬弓以长开合之力。

（7）摔沙袋以长沉实之力。

（8）打沙袋以长击打之力。

歌诀

卧虎指爪入地深，杆头抖颤劲为真。
木板塌时力宜渗，两臂拧棒似拧绳。
铁铃虽哑莫轻视，霸王开弓左右分。
小小铁球轻抓起，铁掌一击起沙尘。

入门套路

七星通背拳

此拳为辛元先生从代县拳师杨二疙瘩处学得，原拳有十路，以七星为名，重周身各处打法，今传只有两路。“一字翻，天地手”是其独特之处，亦是动手绝技。

歌诀

快似疯魔打飞仙，稳若金刚立殿前。

柔如猿猴舒长臂，猛赛虎豹下平川。

通背者，灵通于背也。贯通腰背与两臂，如常山之蛇，首尾相应，劲力圆顺通达，大开大合，击一点，打一片，身灵步活。稳若金刚，快似疯魔，柔如猿猴，猛赛虎豹。

四要：搬，掳，扶，拶。

手法：上挑，下压，里钩，外裹。

足法：踩，踹，跺，挂。

拿法（分筋错骨）：里撇，外撇，中间一切，小金丝缠手，大拿李玉抱花马，穿手，千斤坠，贴胸挎带，捌手。

招法

一字翻，天地手，拨浪鼓儿扑地走。
金铰剪兔儿登云，朝天镫奎星贯斗。
迎面腿正截反踹，三合腿外挂里钩。
窝里炮，穿心肘，风中夹雪不见手。
五花炮，一字腿，拿中带踢打来踪。
上搬手，下扶肘，赶月追风不放松。

天地手，是说两手上下翻飞，指上打下，声东击西，虚实相间，以两手作一手想，手不单出，一出必有一应。两手于身前摆一圆圈，彼之手足只要一进此圈，便如跌入无底深渊，招不能发，身不能自如，足下不能稳固。盖因吾两手成圈，无论彼落于圈中哪一点，吾圈便滚动变化。彼之力虚处，吾之力正是实处；彼之力实处，正是吾虚处，虚实相生相克。周身皆翻板，无处不螺旋。两手连为一气，开而有合，合中有开，丢而不丢，顶而不顶，一触即发，故能击彼于电光石火之刻，胜人于滚转伸缩之间。形意拳中狮吞手，炮捶中三拱手，八卦之青龙探爪，皆类于此，实皆岳武穆双推手之变化。天地手实非招法，而是技击理念，以天地道其体之广大，以手尽其用之精微，学者宜深究此理，不可拘泥于招法。昔日辛元先生与人动手较技，只一照面彼即跌出，若问其所以，先生答曰：吾手似天地，彼孰能胜之？

总诀

轻灵柔顺，沉稳刚健。
步走奇门，手运太极。
圆中求变，两手合一。

动作名称：

（1）起势

（2）夫子拱手

（3）狮子探爪

（4）猴王坐殿

（5）狮子运球

（6）金龙合口

（7）云摩探马

（8）孤雁出群

（9）夜叉寻海

（10）怪蟒翻身

（11）进退连环

（12）老君推炉

（13）三盘落地

（14）三拳一腿

（15）金鱼摆鳍

（16）一式四象

（17）夫子拱手

（18）三环连珠

（19）金鸡报晓

（20）仙人推磨

（21）老虎扑羊

（22）铁门闭锁

（23）狮子揉球

（24）蛟龙翻江

（25）指天打地

（26）蛟龙潜海

（27）步走奇门

（28）狮子滚球

（29）狮子抖毛

歌诀

也大奇哉也大奇，两手做得天和地。
翻手为云覆手雨，只在一念真消息。
左右开合生阴阳，上下升降交坎离。
圈中生圈随处变，两手合一见端的。
大而无外弥六合，小则无内藏于密。
将敌能变不思议，摄生可夺造化机。

母子捶

此拳传自辛元，辛先生青年时从代县杨二疙瘩处学得，平生最擅此拳。先生演练时身法起伏升腾，如猿似豹，腿法利落，手法飘洒，轻灵活泼。

歌诀

母生子兮两相亲，母子相连在一心。
天翻云雨地掀尘，拳打阳关脚撩阴。
脆快一挂连响炮，缠绵六合并七星。
轻似猿猴捷似豹，神行一片纵山灵。

十二路探腿

此腿法清代从沧州传至山西，将身法、步法、手法、腿法融为一体，作为内家拳筑基之法，甚妙也。套路中以探腿为主，力顺督脉向前下探出，腰腿合一，足尖翘起，足跟发力，高与膝平。力点在足跟而落点在脚尖，以足尖掀彼之膝盖，与世传之弹腿迥然不同。每路拳以探腿为宗，复穿插弹、蹬、踩、踹等腿法，进退、反侧、插、套、管、封等步法以及推、拓、穿、打、搬、拦、捋、砸、架等手法。以二路、八路为最重要者。

歌诀

腿法称探不一般，直奔中门把膝掀。

腿不高起方称妙，明拳暗腿各七三。

名称：

一路：陆地行舟顺风帆

二路：小鬼扯钻势最全

三路：老君推炉生火焰

四路：海底寻针起波澜

五路：双风贯耳缠磨腿

六路：推窗望月挂天边

七路：燕子抄水七星点

八路：进退无端走连环

九路：仙人揉捶随机变

十路、十一路、十二路：先天逆进见真源

形意拳讲义

源流

本门形意拳传自宗师刘奇兰，刘奇兰先生在李洛能祖师的河北诸弟子中年纪最长，人称“大先生”。刘奇兰曾为清末举人，授拳时能将形意拳理论阐幽发微，行知双绝，故传人众多，名手辈出，如李存义、张占魁等。形意拳能闻名于大江南北，刘公奇兰之功甚伟也。

其子刘殿琛，幼承家学，功深技精，曾受聘于清华大学，任武术教师，并出版《形意拳抉微》一书，人称“刘二先生”。刘二先生于 20 世纪 20 年代受聘至太原，担任国民师范武术教师，在太原期间将形意拳传授给辛元、董俊等人。

辛元，字少轩，太原精营街人，绰号“金翅鹞子”“长拳一只虎”。幼年随某戏班武生习武，青年时期从师于代县拳师杨二疙瘩，习得十路七星通背、五虎断门刀、大枪等技艺，且精于马术，在口外保镖，常以绝技“天地手”“一字翻”胜人，威名享誉口外。后回太原设场教拳，并受聘于阎锡山技术中队，任武术教官，与李德懋、于鉴等人共同完善了八法拳、八法枪，并以通背武艺与于鉴换得三皇炮捶。因闻刘二先生任教于国民师范传授形意拳，颇为不屑，某日带数名弟子寻至国民师范，执意要与刘二先生较技，刘二先生推托不过，只得应允。辛元上前便用通背招法快取猛攻，被刘二先生单掌三次腾空发出，脸色惨白，当即叩头拜师。后又将大半房产卖出，将所得钱财供养刘二先生，并将先生请至家中传拳，数年尽得刘家形意之真传。其劈拳可任意将人放高、放远、击倒，龙形一跃可上方桌，燕形一穿可过板凳。因其长拳功夫已很深厚，故形意拳劲力别具一格，出拳劲力惊人，身法极尽闪展腾挪之妙，腰腿功夫出众，及至老年仍能将脚扳至右腮枕足而卧。

辛先生习艺五十余年，擅长通背、母子捶、三皇炮捶，晚年尤精形意拳，擅使大枪、单刀、胡萍拐。先生传艺要求严格，且性情暴烈刚直，故传人不多，在太原主要有张洪亮、安慰等。

拳理

1. 三节

在拳中，头、手、足为三节，内外相合。

头为根节，内应百会；脊为中节，内应心；腰为梢节，内应丹田。肩为根节，肘为中节，手为梢节。胯为根节，膝为中节，足为梢节。

三节不独指一处，整体有三节，局部亦有三节，所谓三节不明，周身皆空。根节催梢节，梢节带根节，不分先后，周身齐动。

2. 四法

身法、手法、足法、步法。

身法直进直退；手法劲在腕，力在指；足法起而钻，落而翻，不钻不翻寸为先；步法有寸步、疾步、蹿步。

3. 五纲

五纲即五行，五行相生相克，取变化之意，不可死执生克之理。天地万物不离五行之性，万千拳法不离五拳之纲。

4. 六合

六合，要点在一“合”字。

两手扣劲，两足后跟向外扭劲，是手与足合；两肘往下垂劲，两膝往里拟劲，是肘与膝合；两肩松开抽劲，两胯内侧根部抽劲，是肩与胯合，此外三合。

心与意合，意与气合，气与力合，此内三合。此处尤须知，心与意如水与波，同而不同；心为体，寂然不动；意为用，感而遂通。全波即水，全水即波。喜怒哀乐之未发谓之中，亦即心之体，发而皆中节谓之和，亦即意之用。或曰混沌未分、阴阳未判之时为心，心机发动而阴阳变化有度为意。心与意合，其义深矣。王阳明先生之“知行合一”，或为最善之诠释。学者若能明察内三合之理，则可与圣贤把臂，信以拳悟道，言不虚矣。

5. 七疾

眼要疾，手要疾，脚要疾，意要疾，出势要疾，进退要疾，身法要疾。

6. 七顺

心要催意，肩要催肘，肘要催手，手要催指，腰要催胯，胯要催膝，膝要催足，上下相连，内外如一。

7. 八势

顶：头顶，舌顶，指顶。

提：提肛，夹臀。

扣：指扣，肩扣，膝扣。

圆：胸圆，背圆，裆圆，两臂圆，虎口圆。

抱：丹田抱。

垂：肩垂，肘垂，气机垂。

横顺知清：身、手、步一顺全顺，一横俱横。

起钻落翻分明：不离横顺顾打。

8. 八功

斩：即劈拳，自上而下为斩。

截：即钻拳，由外而内为截。

裹：即横拳，由内而外为裹。

挎：即崩拳，由后向前为挎。

挑：即蛇形，自下而上为挑。

顶：即炮拳，由内向前上方为顶。

云：即鼍形，由中心向左右为云。

领：即燕形，由前向后为领。

八功皆要与螺旋内外钻翻相配合，千变万化不离此八字，身法、劲法皆在其中。

9. 八要

内要提，三心要并，三意要连，五行要顺，四梢要齐，心要暇，三尖要对，眼要毒。

10. 五字诀

三节明后，五劲相佐，踩扑裹束，唯决勿错（脚踩，手扑，臂裹，身束，决如断弓绷簧之意）。

11. 七拳歌

用必七体，头肩肘手，
胯膝合脚，相助为友。

12. 十六处练法

一寸，二践，三蹿，四就，五夹，六合，七齐，八正，九胫，十擎，十一起落，十二进退，十三阴阳，十四五行，十五动静，十六虚实。

13. 打手歌

打法定要先上身，手足齐到方为真。
拳如炮形龙折身，遇敌好似火烧身。
头打起意占中央，浑身齐到人难挡。

足踩中门夺他位，就是神仙亦难防。
肩打一阴返一阳，两手只在洞中藏。
左右全凭盖势取，束展二字一命亡。
手打起意在胸膛，起手好似虎扑羊。
沾实用力须展放，两肘只在肋下藏。
胯打阴阳左右变，两足交换须自然。
左右进退宜敛劲，得心应手敌自翻。
膝打要害能致命，两手空晃绕上中。
好诀劝君勤练习，强身胜敌乐无穷。
脚打踩意勿落空，消息全在后脚蹬。
蓄意须防敌察觉，起势好似卷地风。
拳打三节不见形，若见形意不为能。
能在一思进，莫在一时存。
能在一气先，莫在一气停。
胯打中节并相连，阴阳相合得之难。
外胯好似鱼打挺，裹胯藏步变势难。
膝打几处人不明，好似猛虎出木笼。
和身转着不停势，左右明拨任意行。
臀打起落不见形，好似猛虎出洞中。

打手歌阐明七拳、十四处打法，而十四处打法不可分而视之。每一手皆有十四处打法，一势之中诸法兼备。

14. 静功诀

心定神宁，神宁心安，心安清净，清净无物，无物气行，气行绝象，绝象觉明，觉明则神气相通，万象归根矣。

特点

形意拳是以整劲、刚劲见长，刚中寓柔，动静分明，内外相合，形神一致，动作简洁的拳法。身法的纵横高低，手法的起蹪落翻，步法的进退旋转和内部的意、气、力三者密切结合，形成一个整体，体现了高度的紧密、协调、沉稳、完整，做到身灵劲整。技击法则以直劲、快攻为主，出手快速而带有弹力，动作紧密沉稳，周身一气，脚到手到，手到眼到，三尖相对，三节相随，上下贯穿，浑然一体，以形取意，形法合一。刘氏形意拳特别强调，练拳必先健丹炼气和练技艺，二者相辅相成。先聚气于丹田，使丹田气足，然后内达于五脏，外发于四肢，再加练习拳架之功，使血脉贯通，筋骨坚实，内外如一，手脚相合，动静有常，进退有法，手不虚发，发则必胜；心不妄动，动则必应。所谓见于面，盎于背，施于四肢，可知此拳确是与众不同，独具一格。

丹田功

人在先天之时百脉畅通，神气充盈，混混沌沌，无欲无求。后天饮食五谷杂味，受五欲六尘之纷扰，神气涣散，经络闭塞致气血亏损，须逆运后天而返先天。斯道下手方法虽多，言而总之，只一“静”字，守其一,万事毕。身形周正安舒，以设气血之行路；筋骨遒劲，肌肉放松，以保气血之流行无滞。意守中丹田，以一念代万念，收回心猿意马，归根复命，自然返于先天。

中丹田宜守在脐内前三后七处，若是言理，周身无处不丹田。深妙地说，玄关一窍不在身之内外，又在身之内外，一处不在，亦无处不在。真实玄关非是身体一窍，而是佛家之自性，道家之金丹。若是言事，身内窍道甚多，而以中丹田最为紧要。此处先天与母相连，一点元阳落在其中，真气藏于其内，以神墨守之，则神入气穴，神气则能相交。神气一交，心火下而肾水升，丹经所谓龙虎交、坎离交，皆此之谓也。

站桩时，身形中正，自然安舒，骨升肉降。两手掐子午诀，抱于脐前，双眼垂帘，默照海底。习练时，用双眼将神凝于祖窍片刻，待心神已定，用意送于中丹田，意守中丹田须勿忘无助，自然而然，不即不离，不可着意过重。初步心依息，念头想着呼吸；功深后息依心，鼻与脐连成一线，呼吸跟着念头走；最后心息相依，打成一片。此时意气相随，呼吸开合往来于丹田，神气合一，气也不问，意亦弃之，只一觉独存而念念归元。气、息、丹田乃是意之造作，因缘和合，能所相对，皆是幻象。离心则不知息之往来、丹田之开合鼓荡，离却息与丹田，心之作用则无以发显。相对而互生，皆无自性，故知一切知觉皆是幻象，不可执着。总之，炼气只是方法，平心方为根本。“性空真风，性风真空”，学者还须日日用功，行功久则理自明。

行功过程中出现身心种种反应，乃至幻视幻听，皆是身内气脉变化与心内潜意识之造作所致。切不可着于相上，误入歧途，只管意守丹田，一切不理会，致虚极，守静笃，则功到自然成矣。

三体式

三体亦称三才，三才为天、地、人。人法地，地法天，天法道，道法自然。三才之意于拳中即为拳式，法乎天地，顺乎自然，中正和顺，无丝毫乖谬之意。“三”在古文中作“多”解，一生二,二生三,三生万物，三为变化之母，以三为体，故知三体为拳法变化之根。在拳式中，又为头、手、足之喻，又作“三节”解。头为根节，内应百会；脊为中节，内应心；腰为梢节，内应丹田。肩为根节，肘为中节，手为梢节。胯为根节，膝为中节，足为梢节。所谓明了三节多一力，三节不明周身皆空。练时由根节催中节而至梢节，应用时梢节带中节而根节随之。体三体之意，明三节之用，形意拳之根基备矣。

刘派三体式其要为身体中正不偏，手前撑时，背向后拔，头上顶，项后竖，自能含胸拔背，沉肩坠肘。同时肩根处极力舒展，又须两胯都向内裹，不可左右拉开，胯正而肩斜。前臂伸出，大臂与地面成 135° ，小臂与地面平行，肘内裹，五指内扣，腕平且挺，指尖朝前与心口平，后手与脐平，双手拇指一侧向内拧劲，手心均须回缩，两手有撕棉之意，重心为前四后六。总之，桩法务须庄严整肃，用力均整，筋撑骨拔，力贯四梢，心念须安静，气势宜雄伟。最要者，形式正而意腾挪，不可站成死桩。三体式练时舒展，用时小巧，前手对嘴，后手对心，所谓前手后手，只差一手。

歌诀

三体一站四象分，下部鸡腿中龙身。
熊膀猴相在上体，形意拳中此为根。
道自虚无一气生，便从一气生阴阳。
阴阳再合成三体，三体重生万物张。

五行拳

以身外天地五行之性，合身内五脏五官，配以横、竖、斜、缠、直五方五拳，理顺于自然，法合乎技击。万事万物之性归为五行，千变万化招法约为五拳。由博归约，约而达变，内养五脏以变化气质，外演五拳以御敌保身。

五行生克之理，不可生搬硬套。五行既为概括意，又是衍生意，学者应细辨之。

一、劈拳

1. 理

五行属金，五脏应肺，
似斧非斧，捧盘献瑞。

2. 法

起手横拳，周身亦横。
落手成顺，周身皆顺。
钻起如捧盘托碟，翻下似断线风筝。

3. 用

自上而下之动作配以内外拧裹之形式，拳也好，掌也罢，起也打，落也打。出入于中线，皆是劈拳，切不可拘泥。尤须注意由上而下之劈，必先有由下而上之钻。吾之手一起，彼之根起；彼根一起，落不难也。此“斩”字之妙用也。

二、钻拳

1. 理

五行属水，五脏应肾，
似水非水，倒塌昆仑。

2. 法

自下而上非真意，向上且含向前力。
意在前臂莫在拳，一阴一阳来复去。

3. 用

自下而上，一左一右，一阴一阳，滚入滚出，守住中线。前手顾，后手打，前后任意一手由己中线奔彼之来手，直接向前向上拧裹钻出，正所谓“不招不架，只是一下”，顾打同时。

彼出右拳为例，吾出左拳小指一侧向内裹，彼右拳自偏；吾出右拳大指一侧向内翻，彼拳亦偏。此“截”之妙用。

三、崩拳

1. 理

五行属木，五脏应肝，
似箭非箭，浪里扬帆。

2. 法

前后直出势不全，还似舟行浪里颠。
全凭两脚蹬踏力，滚木撞断城门闩。

3. 用

直入直出势贵直，而直中寓曲，遇敌则能变化。守中线，打连环，前拳后拳只似一拳，后手撤回要螺旋，接彼之手以大指一侧向外向后，此为“挎”也。

四、炮拳

1. 理

五行属火，五脏应心，
似火非火，浪打云亭。

2. 法

起似扛鼎落分砖，如火赛炮点即燃。
上架须有翻顶意，江水拍岸打沙滩。

3. 用

要点在上架之手，螺旋滚起，手见眉翻。架手翻时要外顶，不独以直拳击人，妙在以上架之手滚翻外顶，将彼斜向击出。

彼出右手为例，我以右手滚起，小指一侧向斜上方外翻，彼即跌出，直拳实乃力之助也。此“顶”字之妙用。

五、横拳

1. 理

五行属土，五脏应脾，
似弹非弹，轮行沟里。

2. 法

形意拳中式曰横，恰似野马来分鬃。
内裹外翻为真意，横中有直向前攻。
中土不离位，把把不离横。
起横不见横，见横不为能。

3. 用

一裹一翻，妙用自见，唯要守中，贵在有变。手沿中线直进，直进中以大指小指两侧内滚外翻。其要不外阴阳翻滚，而生出八字之用。

十二形拳

五行长于劲力而失于变化，十二形以动物之所长补人之不足。有起、有伏、有前、有后、有屈、有伸、有斜、有正，洋洋洒洒，可谓大观。熟习十二形，身法、步法变化之要备矣。

歌诀

龙运大椎，起伏升腾。

（要在起伏伸缩。）

虎贵尾闾，扑食蹲身。

（要在腰顶尾坐，双手前下方扑按。）

猴起膝顶，纵山跳涧。

马起前蹄，疾走快奔。

鼍走云意，左右分拨。

（手领身随，小指侧外翻向左右画弧。）

鸡踩双足，踏雪抖翎。

鹞子穿林，侧身斜入。

（窄身长手。）

燕取领势，抄水伏身。

（要在后手小指一侧外翻向后螺旋，此为领。）

蛇行挑打，拨草盘根。

（彼进右手为例，我右手从下向上取彼肩根边挑边旋为外挑，内挑时务要微屈肘，以防彼撅臂。）

鲐尾竖起，裹胯坐臀。
秋鹰搏兔，下冲俯落。
老熊竖项，膀打乾坤。

五行六象连环歌

一马连三箭，白鹤双翅展。
炮拳势才落，掩肘往出钻。
垫步横拳进，鼍形把浪翻。
蛟龙潜海底，崩拳捅心间。
狸猫倒上树，金鸡踏雪寒。
食米复抖翎，报晓鸣树颠。
劈拳似利斧，猛虎硬推山。
猿猴纵身起，轻灵似飞仙。
鹰熊两相斗，鹞子冲云天。
回头穿林去，气足神亦完。

八卦掌讲义

源流

八卦掌由清末董海川所创，有百余年历史。董先生所传弟子众多，根据弟子各自不同的特点，所传授的掌法也不尽相同。较为有名的有尹福的尹派八卦，因其主要活动在东城，亦称东城八卦；程廷华多在南城传拳，故亦称南城八卦。

程廷华，字应芳，因其经营眼镜店，故人称“眼镜程”。程之八卦与董公原传相近，架势宽大，劲力刚柔并重，身法宛如游龙，传人众多。其子程有龙得其真传，一生潜修八卦，兼习太极，终老于天津净业庵。程有龙弟子中能承其衣钵者有孙锡堃、何均等。

何均，字月波，河北人氏，于 20 世纪 20 年代受聘至国民师范任武术教师，传授八卦掌。何先生转掌时身影难辨，落步无声。冬天赤膊，于胳膊上挂一灌满开水的铜壶练单换掌，由左手一穿便至右手；夏天反穿羊皮袄而不出汗。与人搭手，三成劲力便可将人放出丈外，功高莫测。

何先生在太原的传人不多，路开源可算其中翘楚。

路开源，字之长，清徐南营村人。习形意拳、八卦掌，剑术功夫尤精，亦通书画、音律、医道、相术，可谓多才多艺。可惜先生在“文革”中饱受摧残，于1976年逝世，享年七十二岁。先生虽传人不少，然精其技者不多，其弟子中能全面继承先生技艺者唯安慰一人。

拳理

1. 三空

掌心空，劲达指梢；足心空，沉中含灵；胸空，气沉丹田。

2. 三象

出掌如猴，喻其轻灵迅捷；身法如龙，喻其灵活矫变有三折之势；行步如蛇，喻其蜿蜒曲折，擦地而行。

3. 四德

顺、逆、和、化。顺中有逆，逆中含顺，顺逆互生；由顺而生和，由逆而生化，辨彼来势之顺逆而以和化应之。

4. 四坠

肩坠腰，腰坠胯，胯坠膝，膝坠足。

5. 八能

搬、拦、截、扣、推、托、带、领。自内而外为搬，由外向内为拦，将发未发之际为截，覆于其上为扣，由后向前为推，自下而上为托，自上而下为带，由前向后为领。

6. 九要

塌腰，扣膝，提肛，顶头，裹胯，松肩，垂肘，缩肩根、胯根，起钻落翻分明。

7. 十二紧

身直，项立，垂肩，坠肘，紧背，空胸，塌腕，手顶，裹裆，缩胯，两膝相抱，屈腿蹚泥。

推托带领，搬扣劈进，
捉拿扣打，封闭闪展，
能进能退，能化能生，
刚而不滞，柔而不散，
静如泰山，动如游龙，
眼锐身随，心稳手准，
劲断意不断，意断神亦连，
击掌如牛舌，换掌如穿梭。
守中夺中，弃梢取根，
螺丝劲层层不穷，圈中圈处处有变。

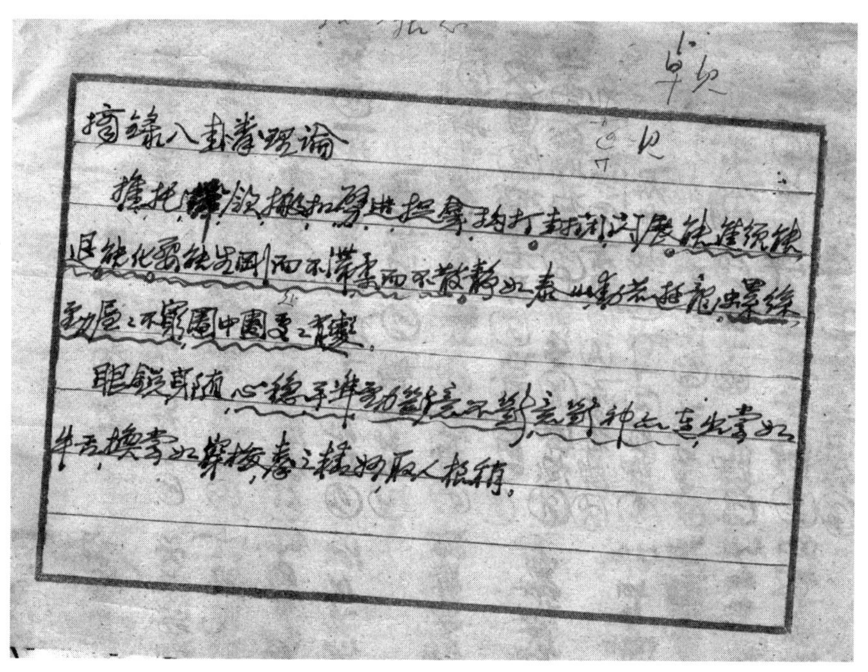

安慰先生八卦掌手稿

8. 八卦掌总歌

八卦掌，走为先，变化虚实步中参。
收即放，去即还，指山打磨游击战。
走如风，站如钉，摆扣穿翻步法清。
腰如轴，气如旗，眼观六路手足先。
行如龙，坐如虎，动如江河静如山。
阴阳手，上下翻，沉肩坠肘气归丹。
要六和，勿散乱，气遍周身得自然。
摆扣步，要仔细，转换进退在腰间。
手打三，脚打七，手脚齐进莫迟疑。
胯打走，肩打撞，周身挤靠暗打膝。
高不挡，低不拦，迎风接近最为先。
数语妙诀掌中要，不用纯功也枉然。

9. 八卦掌打手歌

出掌一伸手，气把丹田沉，
呼吸要自然，矫健如龙游。
走则劲在足，换式腰是手，
前掌虚作样，后手肘下守。
正人先正己，转身先转步，
进则前步进，退则后步退。
欲坳我先静，欲屈先伸手，
人疾我先往，人来吾便走。
动步窥左右，不忘顾前后，
眼明观六路，眼到意即有。
意有而气重，气至力在手，
使梢先使根，劲在脚上走。
掌随步伐翻，步按掌动行。
脚练十年功，掌取强中手。

特点

本门八卦掌为路开源先生在张荫梧、何月波、郑怀贤诸先生传授之基础上，融各家之长而成，风格特点仍尊程派。手出龙爪，步走蹚泥，圆中有直，脚走不停，手运无间。

踢打摔拿兼备，上中下三盘俱足，由直行而转圈，由定步而活步，以能变能生为工巧，以刚柔相济为能事。由步法生手法，以步法带身法。手法千变万化，不离内裹外翻；步法往来盘旋，不离“摆、扣”二字；身法纵横起落，不离伸缩圆研。出掌如猴，行步如龙，换势如鹰，极尽手眼身步之能事。手抱阴阳不离三角，步走八方不离弧线。以圆代直，以蹚替踩，以奇练正，以反取常，走势为横，落势为竖，横开竖撞，走线打点。

歌诀

守住中门用钻翻，弃根取梢把敌掀。

任凭巨力来打我，旋转变化圈中圈。

三才掌

掌以三才为名，取法天地自然之道，而应之于拳式，八卦身法、步法之要皆在此三掌。

1. 地盘掌

黑虎出洞，沉中有浮，主练塌腰裹胯。

2. 天盘掌

青龙升天，升中含降，主练沉肩坠肘。

3. 人盘掌

黑熊反背，前拥后撑，主练含胸拔背。

三掌皆要丹田与命门相合，肚脐对圆心，为向心力；命门对圈外，为离心力。

青龙返首

此为八卦掌之母，手上阴阳掌，脚下丁八步，纵横成十字，目向圆心注。拧腰裹胯，扭足掰膝，腰塌头顶，前手如顶物，后手向前助力，周身似拧绳。穿掌时沿中线上穿，裹胯转腰，带动手边穿边转，穿至极处，掌向外翻，横向画半圆，同时自上而下画椎圆。起钻高不过头，落翻低不过眉，腰领手随，手不妄动，纯任自然。最要者，鼻尖、指尖相对，两点连一线，须臾不可离之。

落势后，身手与腿成 90° 为宜，目视虎口，两掌皆是竖劲，力皆向圆心。

单换掌

此掌为八卦掌之首，身法之伸缩圆研，手法之拧裹钻翻，步法之摆扣蹚泥，诸法皆备矣。

由青龙探爪起，里脚直走于四正位，外脚扣步内切在四隅方，两胫相磨如剪子股，两足平起平落，轻提轻放，自然而然，不可造作。落步以足不擦地、落步无声为妙，迈步以不牵动重心为宜，不同于别家之擦、搓、探等法。上下勿有起伏，每圈以八步之数为度，两掌齐向圆心推顶，力点在掌外侧，亦称“小天星”。通过步之走转，手之着力，身心拧裹，自有研磨之意劲。尤要心意不散，心意聚则气力能聚，周身向心；心意散则步不成圈，周身皆失法度。

换掌时有三式。左换右时扣右脚，缩胯塌腰。左手以小指一侧内裹，二目从左手虎口看出，有猴视之相、虎坐之形。

接上式不停，左足掰开，落于圈上，足尖微扣，不可外摆，重心坐于后腿，圆裆扣膝。腰向左转，而带肩、肘、手节节由竖变横推出，左手小指一侧外翻，右手亦向左旋，以助其力，取鹰翻之意，成望月之形。

上式不停，右足扣于左足前，两足尖相对，呈内八字，扣膝合胯。左手不动，右手向左腋下穿出，掌心朝上，目视右掌指尖。周身合为一气，缩作一团。以右掌托左肘边穿边向右转，手领身随，两掌复转至圆心内，成青龙返首右势。

歌诀

花随流水去，风送暮云回。
三式连一气，扬帆顺波归。

十大掌

单换掌（两仪），双换掌（四象），顺势掌（白蛇伏草），三穿掌（金雕相斗），背身掌（麟吐玉书），翻身掌（大蟒翻身），风轮掌（狮子滚球），生成掌（脱身换形），回身掌（犀牛望月），混元掌（游龙戏水）。

三种步法

1. 三角步

如单换掌在圈里扣步再向一旁掰步，左右变化，两边腾挪。

2. 四方步

双换掌从外扣步（彼在左则扣右步，彼在右则扣左步），向后撤至彼之侧后方。

3. 回环步

顺势掌向圈外先摆后扣，转一圈又回圈内，打的是回头望月，脑后摘盔。

八卦掌步法虽变化万千，终不离此三掌。

八卦进阶

先习桩功，次练定式，再走直步蹚泥（陆地行舟），以活其步。复练直进穿掌、塌掌，踩三角步打撞掌、扑掌，以发明刚之劲，合整肃之形。

走三才掌强化身法之规矩，使气降于丹田，命门丹田相合，而行于四梢。

走定式十大掌，使身步相合，内外调顺。

走活步十大掌，以求招式连贯不停，圆活无滞。

再走变掌穿九宫，求纵横矫变，入化出神。

另有片旋、双抱、揉球等散掌穿插任意习之，生万千手法无穷变化。

总之，八卦掌以掌为能，以步当先，此为不易之理。又于不易中贵乎变易，而不易与变易总归于简易，此八卦掌之奥妙也。

太极拳讲义

拳之所以称太极，顾名思义，此拳必符阴阳变化之道，而以中和为统摄。《易经》云：“一阴一阳谓之道。”太极者，动静之机，阴阳之母也。天地万物须臾不离阴阳，亦即须臾不离太极。故太极之体用应之于万事万物，合乎于种种拳术，而不独存于太极拳中。虽然如是，中华拳术众多，而能体现阴阳变化统一之理最显著者，当推太极拳也。以太极之体而发之为用，外感于自然，内应乎身心，此太极拳之原理也。

太极妙体阴阳大道，虽无时不应乎万物，无刻不离于吾人，然常人皆在被动之中，此妙用不得发显。一身备五行阴阳，而不能与天地大道相合，虽身处道中而不能明道。“不识庐山真面目，只缘身在此山中”，即此谓也。故先贤为发明斯道而以身心为炉鼎，意念为火候，自身精、气、神三宝为药物，炼内丹而感外物，弃五欲六尘之枷锁，通五气三花之行路，使身内之小天合于身外之大天，显光华而朗照乾坤，转后天之灵知为先天之真知，变被动为主动，变蒙昧为灵明，此丹道之本意也。

太极拳术尤重内丹修养，以气沉丹田，丹田内转，周身无处不丹田为进阶，而终以还丹为大道。丹之为何，非有象之物、有形之属。若言下手处，丹田乃身内窍位，有上、中、下之分，各主精、气、神三宝。若言其体，道家之玄牝，佛家之法性，儒家之明德，皆此之谓也。太极拳以内丹为根本，以刚柔、虚实、动静、阴阳变化为宗旨，演为八门五步十三式之妙用。以拳术明后天阴阳之理，以拳术返先天自然之道，此习练太极拳之真目的也。祖师云："欲与天下豪杰延年益寿，不徒作技击之末也。"若学者能与自身习气为敌，信我命由我不由天，揽阴阳，夺造化，打破虚空，方是大英雄，堪为真豪杰！

此拳源自道家龙门一脉，以内丹炼化贯穿始终，以静为体，以动为用，合肢体，松气路，静意念，使气沉于丹田而运于四梢，配以八法五步演为十三式。

起势之初，混混沌沌，不执一念，来则不拒，去则不留，来去之际，心思未发，是谓之中，亦谓无极。凝神于祖窍片刻，收回涣散之神，继而将神送于脐内三寸处，此处为气穴所在，先天与母相连，一点真阳落在其中，为一身之要窍。神入气穴，神气自能相交，内则神气相交，外则上虚下实。空胸实腹，顶悬起，身松沉，自能心火下降而肾水上升。火居于下，烹上方之水，心肾一交，抽坎填离，炉鼎即立，丹象初成。意守脐内，勿忘无助，呼吸往来，若存若亡，氤氤氲氲，自然而然。此时心意发动而皆中节，是为"和"，亦即太极。炼一气之升降开合，往来于周身上下，而升降于丹田之中。

起势以无极生太极，由太极演变化，以气沉丹田，丹田升降为标的，且含无穷变化之招法。身手之起落开合总不离腰际，内气之升降吞吐总不离丹田。

十三式左右对偶，反复练习，可单练亦可合演。十三式为各派太极所重，吾门拳术以丹法为根，十三式为一气之变，合五行八法，应八卦五步，故亦称十三丹。

十三式互相演发，互为作用，合则成一体，分则为十三，化则生万千变式。十三式乃手、身、步法变化之归约，由丹法生无穷劲法，非有限之招法也。太极之劲无不从此出，亦无出其外。八五之数非牵强附会，实乃极数也。太极、形意、八卦皆有八法，三拳各取立圆、横圆、混圆，而圆上变化之数皆以八为度，多嫌有余，少则不足，步法之数以五为度，理亦如是。

1. 挒

挒为向前上之劲，窍在会阴，力在两臂，守己而御人，不贪不欠，八法以此为宗。

2. 捋

捋为向后之劲，窍在祖窍，处处皆可捋。肩、肘、臂、胯，凡向后转化者皆是捋，非独掌指然。腰为圆心，以接触点做向后之离心力运动，借其势，顺其力，此捋之要义也。

3. 挤

挤乃向前之劲，窍在夹脊，以后催前，如钱射鼓，贵脆贵透。开中有合，合中有开，内劲前后鼓荡，两臂勿横，相搭宜成三角之状。肘沉坠，臂拧裹，力合一处，此挤劲之妙矣。

4. 按

按为向前下之劲，练时向前攻，用时贵吸胸，窍应膻中，胸前似铁吸石，含胸吸化彼之来力，以己之神气引彼之神气，使彼如临深渊，神散气浮，足下失根。

5. 採

採为拿法，力在下方，窍在丹田。拿非独指擒拿，拿法贵在以劲拿，以神气拿，师云：舍己从人不用拿。学者深思之。

6. 挒

挒，交错之劲也，窍在肾俞，凡使彼左右扭错横向失中者，皆为挒劲之功。用挒劲须辨彼手足之动向，察彼重心之转移，取其重心，使其失中而败。

7. 肘、靠

肘与靠皆是进身之法，贵在得机得势，近身施法。肘之窍在肩井，靠之窍在玉枕，而用肘用靠皆以身法为根，内劲为本，近身为要。

此八法演练时，身手虽多变化，而皆不离“开、合”二字。窍虽各异，皆以丹田为本，劲力源头发于腰际。若寻腰际，命门为归。

修道之要丹田也，术法之要命门也，丹田命门为一开合也，学者详察之。

前进窍在会阴，性属水，如江水汹涌；后退窍在命门，性属火，如风退鹅毛。左右顾盼，各应金木之性，须手眼相应，活似车轮。中定窍归丹田，性属土，寂然不动，感而遂通，定中生化，静中有动。

总之步法之妙在于“腾挪”二字，意腾挪，势腾挪，步方能腾挪。守己之中土，视彼之变化，应以进退顾盼之法。无论步法如何变化，终以中土不离位为准。

十三式之于用，结构贵中正不偏，手足相合，以命门为根，以丹田为源，以腰为主宰。形不破体，成一混圆，掌吾生门，彼入死角。劲力则以粘黏连随为主旨，不丢不顶，顺势借力。至于胜场争斗，还须丢而不丢，顶而不顶，若即若离，离中有即，即中有离，离即是即，即即是离，如此方是真太极劲也。

十三式之于道，总要心静神凝，气以直养，意到、气到、力到，而终至形无形、意无意之境。意为后天之灵知，意与形相合而至相忘，自可气满神完。意乃化为先天真知，真知即是真心，真心既见，道在眼前。以拳术悟道，而于日用之中常应常静，守道心，去习气，不惑于名利财色毁谤讥侮，不着于身内气脉心中情思。苟日新，日日新，又日新，用功既久，阴符褪尽，纯阳独露，还丹得道之日自不远矣。

器术精华

枪术运义

拳术中历来有一半拳功一半枪功之说，不练枪者不明此理，能窥枪术门径者则信此言不虚也。

枪为百兵之祖，器中之王。枪扎一线，线须精准一贯，枪不过斗，枪圈须圆而紧凑。复次，枪长且沉重，枪花易舞而枪点难寻，故枪术为器械中最难精者。

枪之要义有四：

其一,三尖相照，枪持四平。三尖者，鼻尖、枪尖、足尖，三尖一线，力乃合一，处处三点归中，则时时子午无偏。守中线中门，夺彼中门中线。四平者，肩平、枪平、顶平、腰平，四平之势易守难攻。枪于上，则易败于抽；枪于下，则易败于拉；枪发中平，则彼拦拿皆失之于用。谱云：“中平枪，枪中王，中间一点最难当。”

其二，枪扎一线，神在一圈。枪法以拦、拿、扎为津梁，拦、拿即为拳术中之钻翻拧裹。拦、拿为顾，扎为攻，枪之功法虽多，然以扎为主，扎须一线。谱云："来如箭，去如线。"线贵直贵速，边进边旋，如子弹出膛然。枪之神全在拦、拿所成之圈，枪贴身时，点在枪尖，把端动一寸，枪尖动一尺；枪离身时，点在把端，把端动一尺，枪尖动一寸。枪法圈中之变，生拳中劈、钻、崩、炮诸法，此中奥义，难以言表，学者功深自知。

其三，后手如钳，前手如管。此喻虽恰当，然亦不可死执。前手、后手、枪尖、把端总要灵活运用，视实际而定。手活则枪活，可长可短，指前迎后，刚柔一体，堪称妙术。

其四，另需明枪花、知枪点。枪花、枪点皆不可少，舞花不徒为美观，花中暗含挂、撩、劈、提诸法，学者不可不察。舞花务要贴身，腰似车轮，脚下如钻，左右旋转以成立圆，舞花以能"过一人巷"为准。枪点为枪术中最难精者，内外相合，上下相随，前手松，后手紧，前手做支点，后手做机关，前手由松变紧，后手由紧变松，高低左右，力发自然。前手调左右上下之定位，后手出劈、扎、崩、抽之枪法。

至于枪之劲法，与拳术相同，以枪理悟拳理，以拳劲明枪劲，拳枪一体不二，相得益彰。枪术于当世虽失其使用价值，然枪术于拳术之进阶，理法之明悟，则为用大矣。炮捶形意等门多脱枪为拳，岂可将源流忘却舍弃哉?

枪术总歌

四平无偏当阳后，三尖相照子午端。

前把握管后把钳，出入一线直为先。

行着戳革诸法活，前做支点后机关。

调崩缠点开巧门，万千变化在一圈。

心却忘手手忘枪，眼前只见天花旋。

威威虎豹下平川，蠕蠕龙蛇翻波澜。

乃知熟处是通神，解牛斫轮安足美。
问彼颠张与醉素，君枪岂让公孙剑。

刀术要略

有谚云：“刀如猛虎，剑似游龙。”此一句于刀术为害不浅矣。若是外行看来，刀舞动时，呼呼生风，确有猛虎之相，在内行看则以“轻刀快马”为妙。轻非谓刀轻，而指用刀之法轻快利落。刀之为器，本自沉重，沉重之器，加之沉重刚猛之刀法，则愈显沉重笨拙。器之于用，轻快如剑者，法宜沉稳，沉重如刀者，法宜轻灵，如此方不致孤阴孤阳，双重之病。故用刀之法务要轻灵活泼，锋背分明，刀法准确。轻刀还须加快马，马即步法也，步法宜快而沉稳，迅捷中含轻灵。此外，刀法舞动必要紧凑严实，绵绵密密，缠头裹脑，务要贴身，粘连不断，刀身合一。古人有“水泼不进”之喻，殊为得当。

刀谚云：“单刀看手，双刀看走，大刀看口。”演习之时，必要身、眼、步、刀、手紧密协调，刀法之准确，劲力之完满，必仗刀手协调之功，尤要注意刀手撑架须与刀之方向相对、相呼应。刀手与持刀之臂要成一条线，切不可徒求美观，上架过高，而丢撑拔之劲。

刀法轻灵严密，步法快捷沉稳，刀手撑拔协领，内外相合，神形兼备，外加之拳术基础，刀法自通玄妙矣。

五虎刀为辛元师爷传与安慰先生，原为七星通背拳系之器械。此刀招法多变，步走奇门，一般刀法以缠头裹脑为能，而此刀更有拦腰护膝之妙。世之刀法多以中盘、上盘为主，此刀则三盘兼顾，套路中起伏不定，进退难测，防守严密而攻势险峻，套路结构严谨，起承转合，法乎自然，吞吐开合，应乎规矩。起如举火烧天，落如霹雳击地，进如江水拍岸，退如风卷鹅毛，快似打闪纫针，慢似行云流水，洋洋大观，堪称高术。

刀术歌诀

刀称五虎非寻常，神闲气定乃刚强。
虎凭威严服众兽，勿恃凶戾称大王。
以虎为名取真意，刀走轻灵步走狂。
缠头裹脑紧随身，拦腰护膝细参详。
风雨不透如铁壁，三盘严密似铜墙。
锋背分明知顾打，进退得势晓柔刚。
连环无端开复合，吞吐二字敌命亡。

剑术法要

古之文人皆佩剑，以剑之形法喻君子之气质。若言其体，剑配天干地支，合五行、配三才，有通鬼神、夺造化之能；若言实用，剑两侧开刃，中间出锋，于短兵之中变化最多。

剑之于道，古有剑仙之说。神气与剑相合，而至相忘，剑与人、器与我，一体无二，道、人、万物三无差别。剑究竟是有相之外缘，于内则要以无形之慧剑斩烦恼、断无明、除分别、去执着，外感于剑而内应乎心，此剑术于道之大用也。

剑之于用，其要有三活：一活步，二活腰，三活腕。步活足如行云流水、顺波舟发；腰活身似龙游长空、雁落平沙；腕活剑赛风中夹雪、急雨催花。另要明刚柔、合手眼、知剑法、通运用。

剑之运劲贵在悠忽持久，含而不露，蓄中藏发。寓刚柔于剑式，全柔者不能达其用，全刚者不能贯其意。柔而不散，刚而不滞，务使气发尾闾，劲贯剑尖，此为剑术易学难精之处。

练剑需眼随剑走，神领剑随，目光不离剑锋三寸处，此点尤为重要，不可不知。剑指亦不可忽视，运剑之气劲能否圆满无亏、气力达于剑尖，全仗剑指携领之功。剑上而指下，指后而剑前，务要配合协调。

剑法以运腕为要，运腕以成法，摇腕而生花。内裹外翻、上提下按而成劈、刺、抽、撩等剑法。行剑时要有线、有点。线为运动之势，运势不停，而线圆满无滞，线贵圆满、贵松活。点为落式之形，形式正而点无偏，点贵果断、精准，又以步法为线，行走轻灵。步型为点，站定沉稳，线中亦有点，点中亦有线，圆中含方，沉中寓灵，学者需细辨之。

剑之于用，必先有演习之功，而后方能显其妙用，其关要在于剑锋之前三寸，抽、提、劈、挂全仗此处。与彼交锋，粘其械、取其腕，不可磕碰，要不见其形，不闻其声，逢坚避刃，遇隙削刚，顺彼之劲路直取其要害。此数言道尽剑法技击妙用。学者仔细推寻，于平日演练时，无人似有人，一旦应用，则能有人似无人，若至于神气合于剑，技艺近乎道之境界，“十步杀一人，千里不留行”，信不虚也。

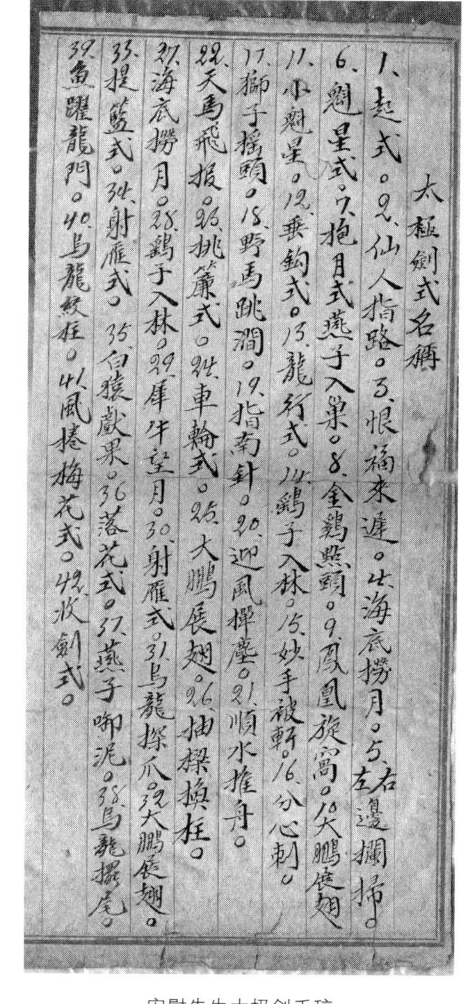

太極劍式名稱

1、起式。2、仙人指路。3、恨福來遲。4、海底撈月。5、右左邊攔掃。
6、魁星式。7、抱月式燕子入巢。8、金鷄點頭。9、鳳凰旋窩。10、大鵬展翅
11、小魁星。12、垂鈎式。13、龍行式。14、鷂子入林。15、妙手被軒。16、分心刺。
17、獅子搖頭。18、野馬跳澗。19、指南針。20、迎風撣塵。21、順水推舟。
22、天馬飛報。23、挑簾式。24、車輪式。25、大鵬展翅。26、抽樑換柱。
27、海底撈月。28、鷂子入林。29、犀牛望月。30、射雁式。31、烏龍探爪。32、大鵬展翅。
33、提籃式。34、射雁式。35、白猿獻果。36、落花式。37、燕子啣泥。38、烏龍擺尾。
39、魚躍龍門。40、烏龍絞柱。41、風捲梅花式。42、收劍式。

安慰先生太极剑手稿

剑歌

自古传奇剑术多，修道津梁玉律科。
中锋息却烦恼焰，两韧斩断欲海波。
神气无二念头死，人剑合一法身活。
虚实上下堪可道，内外刚柔难言说。

步踏青萍横秋水，剑扫熏风舞碧波。
神将持剑演曼舞，仙人抚琴啸狂歌。
三尺青锋弹流水，不见知音奈若何。

龙形剑，20 世纪 20 年代，刘殿琛、王俊臣二位先生于国民师范任教时传于路开源先生，路先生又传给安慰先生。刘殿琛为刘奇兰次子，王俊臣乃张占魁之高足。路开源先生擅形意、八卦，于器械则专精剑术，剑术中尤喜龙形剑。

该剑以形意、八卦为基础，剑少停顿，步多曲线，圆满流畅，行走无滞，宛如游龙飞凤，飘飘荡荡，纵横挥霍。翻天兮惊鸟飞，滚地兮不沾尘；随其形以变化，顺其势而飞腾；似开而复合，似挡后而迎前。用剑身少，用剑尖多，剑柄不甚动而剑尖上下回环。力达剑梢，神贯剑身，身剑合一，习之既久，不知身之为身，亦忘剑之为剑，剑外无身，身外无剑，一派天然。

后记 别去休言身后名

——弟子阎子龙回忆

（一）

安老师常和我说起海子边的往事，说起海子边的武林与异士们，也说起过他在海子边跟随老师父们练拳。在他口中，海子里面盛的不是水，而是满满的记忆与怀念。安老师的故事开始于海子边，就是现在文瀛公园的文瀛湖，我和他的故事开始于迎泽公园的迎泽湖。多年过去了，如今我再走在迎泽湖畔，面对潋滟的湖水，心里涌出惆怅与怀念的那一刻，我才明白了安老师的某些心境与孤独。

我认识安老师之前就听说过他。因为父亲的一个朋友是安老师的学生，常来我家，听说我喜欢武术，就和我聊起安老师，说要带我认识，我也一直没当回事。大约是在我初中一二年级的时候，无意中与安老师见了第一面。那天上午，我和父亲及他的朋友在迎泽公园散步，父亲的那位同学指着远处一个身影说：

“看，那就是我说过的安老师。”

然后拉着我跑过去叫了声：“安老师！”

他那会儿八十岁左右，长得挺慈祥，穿着中式衣服，戴个帽子。听到有人叫，他停住脚步回身看了一眼，客气地回复了几句，就继续走了。虽然只是短短几句寒暄，但让我印象深刻。印象最深的是感觉他像书里面的人，说话轻轻绵绵，走起路来缓缓慢慢，步子特别轻，像在舞台上走台步，有种飘过来、荡过去的感觉。

隔了很长时间，我又去迎泽公园，意外地碰见了安老师，他正在教一些人练太极拳。突然的相遇让我有点不好意思，正不知要不要打招呼的时候，他主动走上前来，用普通话跟我说：“咱们见过是不是？”

我支支吾吾，低声说：“是的，上次……”

没等我说完，他就接着说：“你练没练过啊？”

我说：“学了点形意拳。”

他说：“你练一练，我看看。”

我就练了两下劈拳，他看了看说：“学得挺好的，模仿能力挺强。”

然后开始用太原话和我说：“我家里也仄逼，你要是想练就到公园，我教你。”

我感到很突兀，但看到他热情的神态，也就应承了下来。接着他自我介绍说：“我叫安慰，今年八十岁。”然后就谈起自己的武学师承：少林、形意、八卦、太极。我第一次听到了霍宝珊、辛少轩、路开源、孙剑云等先生的名号。我们聊了好一会儿，聊到他的大学和专业、他的工作，等等。虽然是普通的交流，但安老师用的是纯正的老太原音，话里话外带着“之乎者也”，轻声慢语，古雅又有味道，带给人一种历史的沧桑感。聊了一会儿，他转身继续教别人练太极拳，我在旁边站着看。他说：“脚要配合一吸一呼，不光是手上有开合，身体也有开合。脚后跟一落，吸，脚掌落的时候是呼，包括其他地方都有呼吸。脚上有起落，脚底下也有开合。”

那会儿我在网上看过孙剑云先生练拳的视频，安老师的身形和孙剑云先生一模一样——前面小腹有些隆起，后面有点驼背。安老师倒是不驼背，是后背有点高了。他瘦高瘦高，老了之后还一米七几；戴个大眼镜，镜片后面的眼睛特别明亮深邃，就跟两个黑珠子一样，看人的时候眼睛就冒着光。我在旁边看他教拳，听他讲拳理，越观察越觉得他说得很对，也就开始有了兴趣。这是第二次见面，也是第一次正式见面，感觉他跟孩子一样，平易单纯。

但是再一次见面就不一样了，和第一次态度完全不一样。

这次见面是在迎泽公园的藏经楼，我远远看见他拿着双剑在教人。等他教完几个动作后，我走了过去说："安老师，您好，我也要和您学习。"

他说："你要学啥？"

我说："我也不懂，您看能教我点儿啥呢？"

他说："你想学我就得教？你自己练去吧！"

说完朝着他家的方向转身就走。他家住在五中，离迎泽公园蛮近。我赶快跟上去，一路追着他问是不是自己哪里不对，他随口应付几句，几乎不理我，径直回了家。

第三次再见，只隔了一个星期，是个周末。不管怎样，我和安老师

安慰先生（左一）给弟子讲手

的关系建立起来了。

接触时间长了，我对他古怪的性格有了了解。他教我的第一趟拳是八翻手，也叫岳氏连拳。八翻手总共是八趟，一趟八个式子，其实是一趟四个式子，左右互换着练。这趟拳是王新午先生传的，霍宝珊先生教的他。八翻手我学了一年多。按照当时我的看法，套路一天就可以学完，但安老师教了我一年多，就是“不好好教”，故意的。比如一个动作教完，隔了一个星期、两个星期、三个星期……你就等吧，等得着急，急得心里生埋怨，他也不告诉你下一个动作。约好了学习时间，他把你扔在那里，和别人聊天去了。聊完天就去转悠，就是不理你，你问也不告诉你。你在那儿练，他也不看你，偶尔偷偷瞟你一眼。当时我正在高中时期，血气方刚，不知道深浅，心里憋了一肚子怨气，一直在琢磨还要不要和他学了。但也奇怪，他越这样，我就越和他赌气，就越要坚持，越想练出个样子给他看看。就这样带着一肚子的情绪把八翻手学完了。学完之后，觉得总算可以学新的了，谁知又是八翻手，从头开始学！好在他心情好的时候还会讲讲用法；心情不好了，把你往那里一撂，自己该干啥干啥去。但在这段时间里，父母、学校里的老师和同学都说我变得沉稳可靠了。后来安先生说到辛元先生教他形意，一个三体式站两年，说到他内心的所思所想和委屈，我立刻明白了他的苦心，这是对我的锤炼打磨。回忆学八翻手时期，从内到外忍耐的那些情绪，自己不知不觉地学会了化解、等待、忍耐，不知不觉把青春期的暴躁降服了。那时候，在我腿脚功夫扎下根基的同时，精神、内心也扎下了一条根。

（二）

安老师常说：“武术是中国的传统文化，练武术不是为了打人，传统文化是为了传承下去。”

但是他忍不住就告诉你手法怎么用，讲完就捂着嘴笑着说：“又教你打人了。”

一个式子一个式子学用法，天天练。练错的时候，他要么不说、不理我，要么就是当着众人的面说：“来来来，你们看看他练的是什么东西。”

把好多人叫过来围观我，然后就开始挖苦，多难听的话都能说出来，弄得我很难堪，无地自容。等到我满脸通红，他就站在旁边看着我笑。好几次我都想转身走，再也不见他，但每次我都强忍了。

有时他在前面练，我在后面跟着练，练着练着，他会突然扭过头说：“我在这边练，你在那边跟着瞎练，照猫画虎也练不成，你自己练自己的去。”

但如果我听了他的话，不跟着他练，他就说：“我练的时候你不好好看着，能学会吗？”

另外，和他练的时候，我必须一个人老老实实在那儿练，不能和别人说一句闲话，但凡和别人说话，我再去请教他，他就不理我了。他说：“你是来练拳还是来说闲话？要想说话，你去找他们去，找我做甚？”

有时候他教完我就去散步，我就继续练，要是有人来看我练拳，或者我跑到别人那里去练，只要他看见了，劈头盖脸就骂：“我教你这些东西，是让你在别人面前卖弄的？”

弄得我不敢左不敢右，不敢动不敢静，只能按照他的要求一点一点地做到。这样一段时间后，我个人肤浅、猜度之心慢慢打消，跟着他的指导，按照他的要求，做得都比预期的好。

安老师教武术动作特别规矩，他强调的并不是动作套路，而是身法。单单头顶、沉肩、坠肘、含胸、拔背、收胯这些要领，都重复了几百遍，凡讲动作都要强调一遍。他常说：“如何劲达梢节？如何能气沉丹田？靠的是身法，靠的是身形结构。形式摆对，身法摆对，劲才能出来，气才能降下。”

一个动作，他最多只教三遍，和他学八卦就是这样。八卦学了两年多，搁现在，网上看个视频，几个动作两小时就学会了。但那时，一没这么多资源，另外也不敢。他教啥我练啥，不敢造次。

安老师教的东西，和别人练的、教的都不一样，教学的次第和安排也与众不同，非常系统。基本功怎么练，第一步练什么，第二步练什么，按照他的要求练下来，进度非常慢，就是不多教，吊着你，你想学都不行。等你的兴趣被勾起来，开始认真学的时候，他却打退堂鼓说："不要练这了，这没用。练这东西干啥？"

然后教你新的。新的也一样，兴趣刚培养起来，他就又变卦，总这么吊着你。虽然到最后，该学的也都学了，但他就是不痛痛快快教你，反反复复吊你胃口。现在想想，他是为了治人们在学习过程中求快求全、喜新厌旧的毛病。我那个时候正是想走捷径的年龄，他怎么会不知道？所有的套路都不教完，首先，让你没办法得意、炫耀，没了新旧之分，更谈不上喜新厌旧；其次，为了把全套学完，你自己就得加倍用心观察和琢磨，培养思考能力，尤其是对整个拳术体系通盘考虑，每招每式之间的联系，前面与后面、后面与前面的关系，等等，比老师一口气教完效果好；再次，安老师常说套路学多了不好用，艺多不养人，关键要把核心的东西把握住，我一直不信，觉得他是在找借口不教我，后来我才发现，在他这种教学方法下，套路的神秘被破除了，反而让我更看重套路背后的东西。

（三）

安老师对很多事情的看法和一般人不一样，有一天和我闲聊，他突然问我："你看世界上的人每天都在干什么？"

我说："每个人不都是该干什么就干什么吗？该工作工作，该休息休息。"

他哈哈大笑，给我讲了一个故事。

忘了哪朝的皇帝，有一天站在城门楼上问身边的大臣："你看地上有多少人？"

大臣回答："人多了，数不清。"

皇帝说："底下只有两个人。"

大臣问："哪两个人？"

皇帝说："一个是为名的，一个是为利的。"

我听得一头雾水，不知道他想说什么。

"司马迁说：'天下熙熙皆为利来，天下攘攘皆为利往。'"安老师说。

我当时便插话："我和你在一块儿就没有什么名和利。"

他说："你和我没名利？街上那么多老头儿你不搀着，你为什么搀我？"

意思是他所会的东西如果不行，我也不会找他学，我来求学就已经是带着目的，这就有名和利的关系。他把师徒关系说得让我很尴尬，把人世间一切人情包装都扯掉。不管我们俩关系多深，还是脱不开名和利，只不过名利之外多了点情感而已，并不能改变关系的本质。他对世俗看得太彻底、太绝情，让人无法接受。直到后来他去世了，我自己也有了徒弟，我才知道他这是教我怎么能做到"有情而无情""有情而不被情所累"。

在和安老师学习的过程中，如果有什么心得体会，绝不能和他探讨，他不接受，也不理睬。每次我提出不同想法的时候，他就说："我让你咋练你就咋练，你不要卖弄聪明。"

假如我问："这个式子是不是这么回事？"

他就说："既然你这样问，你问的时候心里就应该有答案，还问我干吗？你问我，无非是要得到一个肯定的答复，或者你就是在炫耀自己的聪明、领悟。"

说得我总是很尴尬，因为我自己内心多少是有点这种意思，想让老师看看我在某些方面领悟、接受得快于旁人。他那种冷静的分析与讽刺让我心里又惊又怕、又愧又喜，就好像没有什么事能瞒住他似的。

和他学习的场景，现在回想起来还是历历在目。我们学拳的固定场地在藏经楼旁边的松树下。我往往都会比约定的时间早到，毕竟是学生等老师，他没来的时候我就自己练着等他。安老师一向很准时，约好什

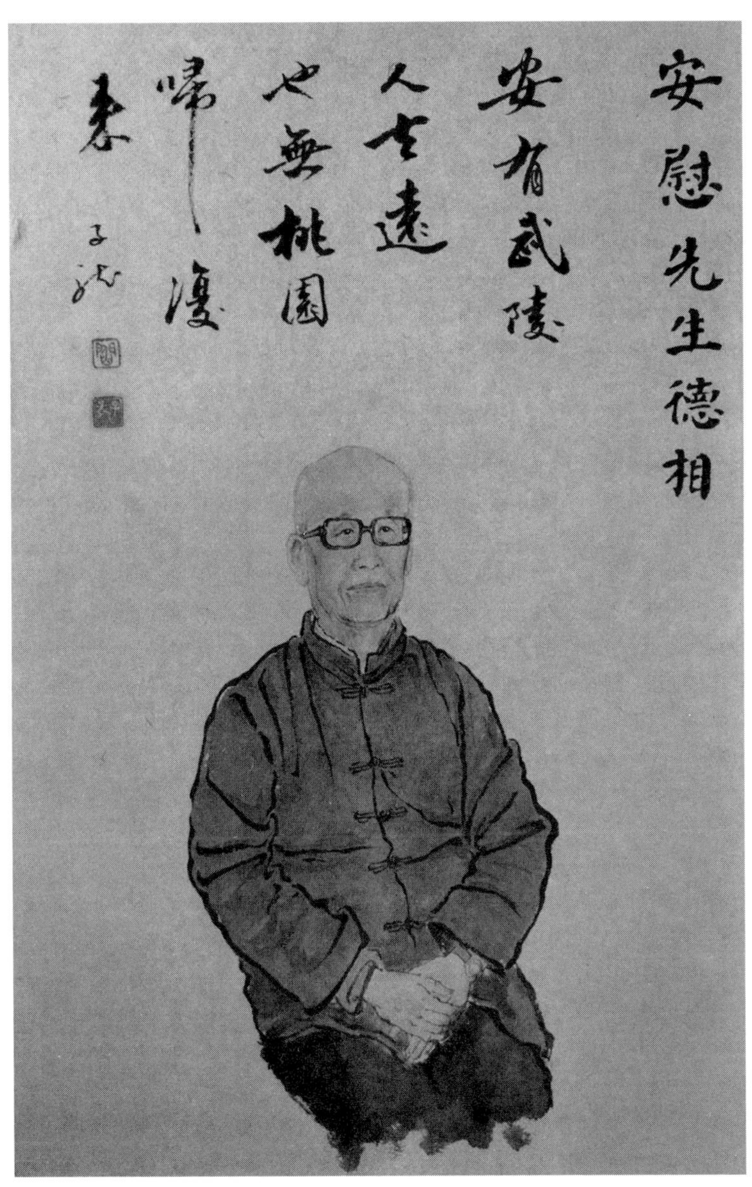

安慰先生画像（阎子龙绘）

安慰先生于藏经楼前演练八卦掌

么时辰就是什么时辰，绝不会无缘无故迟到或者不来。我早到了就一边练拳，一边盯着他来时常走的那条小路。现在我闭上眼睛就能想起来那个场景。前几年他走路总是慢悠悠的，远远的一个身影，从远及近“飘”过来，手里拿着拐杖，也不拄，四平八稳的步子晃着走。看到他来了，我突然就有压力，怕又被他批评；但内心也会特别高兴、激动，感觉看到了一尊佛，心就特别安定：今天没白来，又见到了安老师。

练完后送他回家，搀着他边走边聊点别的。其实他不让我送，但是每回我都坚持送他回去，两个人的感情就这么慢慢地建立起来了。为什么会有这种师徒的传承？佛教有一种说法我觉得特别好：只有老师或者说上师对徒弟加持，师徒之间才会有一种互相信任的感应。安老师的性格比较冷，但是我和他之间有感应，算是有缘分吧。譬如我今天感冒不舒服，但搀着他从公园走到五中，十来分钟的路，浑身就热得冒汗，感冒就好了，啥病也没了，很奇怪。我相信这是一种加持，真的是如沐春风，不单是心理上的感受。安老师的身上有一股檀香味，别人说没有，但我能闻见，清清楚楚地闻见，我知道这是缘分，是一种信任建立起来的感应。

（四）

我和他学了几年，直到上大学了还没有拜师，因为他一直说："你不要拜师，我不收徒弟，收徒弟收得寒心了，从四十来岁收徒弟，现在八十多岁了，也没有收到个练成个样子的。当老师当了那么多年，费神费气，最后还要伤感情。你不要闹这些虚套，要是有心，老老实实练好就行。"

我那会儿还小，也不太懂人情世故，他说不让递帖，我也就不敢递了。在迎泽公园跟着他学了几年，每次遇到会拳的熟人问他："这小后生是你徒弟啊？"

安老师都会很果断地回答："不是，他不是我徒弟。"

别人会继续问："那是你学生？"

他回答还是很干脆："不是，这是我朋友。"

他不说是学生、徒弟，说我是朋友，我感觉关系一直理不顺，挺尴尬的，心理压力也挺大，不知道该怎么办。后来有个武术机构成立，请安老师当顾问，负责人找他时我正好在跟前。那位负责人寒暄了几句后，就说到请他做顾问的事情，安老师说："顾问啊，雇下就得问，你不要雇我，我不要当顾问。"

安老师很多年不参与武术界的活动。来访的人说："您把您的资料好好整理整理，那么多好东西，可别失传了，多可惜啊。不为自己想，还有祖师爷呢！比如小阎跟着您也好几年了，您就好好教他，教成了也是您的传承。"

武术界认识安老师的人都知道我跟他学了好几年，所以才顺带地提到了我。安老师立刻就说："他不是我徒弟。"

我当时脸通红，恨不得找个地缝钻进去，心里也真生气了。我不算弟子，也不是学生，那我们到底什么关系呢？名不正言不顺，言不顺事不成，以后武术界的人怎么定位我们的关系呢？知道的会说安老师性格冷淡，要求严格；不知道的还以为我做了什么对不起老师的事情。那天把他送回家时，我很生气。再见面学习时，我的情绪有点不一样，但瞒不了他，他就说："你不要来练了，我教得又不好，别人都说你练得好，你不用和我学了。"

我实在不知道该怎么回答，他就这样反反复复地冷落我、敲打我，让我的心一刻也安定不了。

这还只是言语上的挤兑，还有更难堪的事情。有一年夏天，练完拳送他回去的路上，见到一个熟人打招呼，那人拿了一把挺精致的折扇。可能安老师想让我画个扇面，但他不明说，只是暗示我，让我猜。他说："我有把扇子空着呢，你说咋办？"

我说："扇面空了好啊，写个字、画个画，都挺好，比买印刷品看着好看。"

他点点头，说："我眼花了，画不了这么细致的，你不是会写字画画吗？"

我赶忙就说："我回去给您写一个吧。"

第二天，他把扇子给了我。我给他写完后，别人都觉得挺好的。去公园练拳时，我兴冲冲地给他拿过去。正好有很多人在跟他学太极拳，他就打开扇子，当着众人的面说："你们看看他写的这字，拿脚板子写也比他写得好。这几个字，把这好好的扇子毁了。"

人们看我脸红了，就给我打圆场，和他开玩笑："学生哪有老师写得好，这么好的字，你不要就送我们，你自己写更好的。"

他也不理，把扇子往怀里一揣，转身走了。

还有一次，让我给他画画，他说："我昨天做了个梦，梦见了凤凰。"

我说："梦见凤凰好啊，吉利。"

他说："那你给我画个凤凰吧。"

我就赶快回去构思、构图，给他画了个凤凰。让几个书画老师把了把关，都说可以后我才送去装裱。裱好后给他送过去，他说：“画的是甚东西！你这是凤凰吗？没个气象，真是落架的凤凰不如鸡！”把画卷起来走了。

练拳时，要打对拳，他是八九十岁的人了，我哪敢尽全力和他磕碰。他不管，练两下就不练了，火了，说：“你怎么一点劲也没有，看不起我？反正我练的是个空架子，没教好你，所以你才不行，以后别跟我练了。”

然后又说了一箩筐的话，这也不行，那也不行，连续好几周不见我、不理我，闹得我实在不能招架了，就回去和父亲商量，想着让父亲和安老师沟通一下，看看我到底哪里犯了错，回来我改。父亲提着礼物带着我去了，安老师开门一看，立马生气，说：“把那东西扔了！”

然后把门一关，给我们吃了个闭门羹。父亲在门外好说歹说，他才开了门，允许我们放下礼物，坐下聊天。因为安老师和父亲本来就认识，所以对父亲还算客气。他说：“害你老远跑来一趟。”

父亲说：“还不都是为了这个不成器的孩子。把儿子交给您了，该说、该骂，怎么处置都行。”

安老师说：“以后不要提东西，这老话说‘吃人家嘴软，拿人家手短’，拿你家东西就得教你，我可不要这东西。我想教就教，不想教就不教。他想学就学，不想学就另投高师，不要在一棵树上吊死。”

父亲赶快说：“没这个意思，我们真心实意尊敬您，不敢对您有什么要求，一切以您的意思为主。”

他才缓和下来：“你们家长能这么想，我也就算了。明天还老地方见吧。”

事情了了，我心里松了口气。第二天一见面，他就开始数落我：“你这是不忠不孝。你什么意思？我做老师的不能批评你？不能冷落你？得天天上赶着巴结你才行？几天不理，你就搬出你父亲，拿他来压我，是对我不忠；因为你，让你父亲在我面前受委屈，是你对父亲的不孝。以后做事情不要这样，好汉做事好汉当，你不能自己找我说吗？”

我一头雾水，哭笑不得。

当时有不少武术组织请安老师当顾问，他都拒绝了，他们就联系我，让我做安老师的工作，说："你和安老师说，就要张照片，表格、材料等都不需要，我们帮他弄好。就是借他老人家一个名。"

我实在推不掉，就说："我去问问吧。"

见了安老师，我把情况说了："只拿个照片就行。"

好说歹说，他才答应了，笑着去翻了半天，拿出一张三十多岁时的黑白照。我说："这是年轻时的照片，办材料一般是近照，换一张老一点的照片吧。"

他说："我现在也不老啊。"

找完照片，打开一个柜子，给我拿出来一摞东西，有四十来张，说："你看看这拜师帖咋写。"

我接过来，看了他一眼。他又说："你看看就行了，没有别的意思。"

翻了一会儿，我要走，临出门，他又叫住我问："你知道这拜师帖咋写了么？"

我一边答应，一边在心里分析他的意思，下楼的过程中，就决定赶

安慰先生（右）与弟子阎子龙（左）

快写拜师帖。那时候我还在上大一，当晚要返校，回家就得下一个周末，于是我立刻给父亲打电话，转述了当时的场景和对话，父亲说："那就宜早不宜迟，立马办。你这两天请假回来吧，别等下周末。"

周一上午，我买了一个类似请柬的帖，把上面的印花、格式，里外整理修改了一番，最后拿毛笔把帖子写了。我也不清楚拜师的流程，只能周二请了假，提了点礼物，拿着帖子，一早赶到安老师家里，进门把东西放下。

安老师说："别别别，把东西带回去，那个不需要。帖子写好了吗？拿过来我看看。"

我说："老师，咋递帖？"

他给我讲了递帖的流程、礼节、规矩，之后说："那是原来的，太复杂，你不需要。磕三个头也行，鞠三个躬也行，我收了你的帖子，关系也就算成立了。"

我磕了三个头，鞠了三个躬，把帖一递，正式拜师了！虽然过程很简单，但印象很深，心里特别高兴。

接下来的事情，就是要请武术界的前辈、见证人、朋友吃饭。

我问安老师的意见，他说："我和武术界的人多年不来往，加上我吃斋多年，下饭店的话很多东西都不能吃，不要闹这些虚礼了。"

从那以后，安老师的态度有了一百八十度大转变，他说："考验了这么久，你都过来了，比我强，我的那些师父没考验我这么久。我的师父们要这么考验我，我早走了。你比我强啊。"

这话听得我心里五味杂陈。

也是从那以后，安老师的身体大不如前。紧跟着，师娘去世。但他谁也不告诉，连着几个星期不联系，也不来公园。我很紧张，不知哪里又惹他生气了。又过了一个多月，星期六的上午，我还在固定的地方练拳，远远地看见他来了，我心里一下子踏实了，赶快迎上去搀扶他。安老师精神不太好，似乎老了不少。

我担心地问："您最近怎么了？不会又生我的气了吧？去家里敲不开门，电话也打不通。"

他叹口气说："和你没关系，家里有事，我老伴儿死了。"

师娘病的时候我去看过好几次，总以为老毛病，养养就好，没想到这么快就去世了。虽然他说得很淡定，但我能明显感觉出他情绪不对，神情也十分落寞。

安老师告诉我："等我死了后，把我烧了，骨灰一半撒在迎泽公园，一半从五台山黛螺顶撒下去。"

我说："您好好活着，您的身体比师娘好多了。况且您的后事不由我，您有儿女呢，怎么能由我撒呢？"

他说："把骨灰扬了就行。"

虽然是开玩笑，但我心里很清楚，他已将生死看透了，非常淡然。

安老师渐渐地出来少了，我没事就经常去看他。他去世前的那几年对我越发好了，经常给我打电话。这原来是不可能的事情。以前别说给我打电话，我给他打电话，他都是直接给挂掉。现在没事的时候就打给我，说："在干啥呢？没事过来坐坐。"

我放下电话就赶紧跑过去，心里酸酸的，他一个人很孤单。就这样，他请我喝茶，指着桌子上的黄山毛峰说："多好啊，这是我徒弟给我买的，从外头带回来的好茶，你尝尝。"

其实这茶是我给他买的，不知何时他已开始健忘。在他的小房间里、写字台边，我给他的所有东西都在明面儿上摆着：我画的画在那儿卷着，送他的书在那儿放着，写的扇面在枕下压着，念珠在手上拿着，还有墙上我和他的合照……聊天时，他一会儿清醒，一会儿糊涂。但无论谁去看他，他都会把我的拜师帖拿出来让人看。

那年，我准备结婚，带着我爱人去了安老师家。他先是照例拿我的拜师帖炫耀了一番，随后转身走到另一个房间，包了五百元的红包，说："这是红包。"又拿了两百元，说，"这是礼钱。"一并递给我，说，"你的喜事，我是去不了了，你把红包拿上。"

我说："不拿。"

他说："你拿上，我没法儿去恭喜你了。"

（五）

他说他一生中的想法和理想，从我身上能看到点影子，但是我知道，自己差他太远，从修养、道德，方方面面，相差太多。我最佩服安老师的就是他对名和利的态度，他说不沾，确确实实是不沾，不像有些人嘴上说说，心里全是，遇到诱惑的时候半点儿也把持不住。“文革”以后，他们那批人都是山西艺术界的名人，但他想尽办法把自己的一切痕迹都抹掉，再不提这些。武术活动参与了几年，之后感觉武术界也是个名利场，便再也不参加了。他一生对钱没有概念，但绝不亏了别人。有一次，他让我去五台山请《华严经》，我请回来给他送去时，几十块钱的经书，他硬塞给我一百元。但凡让我给他买个东西，只要买点儿，就给一百元，不要也不行，一定要塞给我。

他坚持着从小在大宅子里形成的习惯和规矩：从来不在马路边吃东西；从来不穿半袖，再热的天也是穿衬衣；公园里的长凳子从来不坐，觉得不文明；走路靠右边，讲规矩；就座时从不跷二郎腿，不靠椅背；后来因为年纪大坐不住，有时候也会躺着，右侧吉祥卧，还是端端正正。

原来他不许我给他拍照，也不许我拿着摄像机对着他录像。后来和他聊他的过去、他的老师们，聊民国的太原城、民国的山西武术界、民国的武林，我打开手机录音或者拍照时，他也不再喝止，而是装作没看见。有时候看他高兴，我也针对一些疑惑或者武术界前辈的传闻进行提问印证，他一般都详详细细地把他知道的说给我听，但讲完后也总会说：“这些话、这些事，将来时机不对、人不对的时候不要讲。”我说：“别的不说，如果我不记准确，不记完整，将来怎么和我徒弟说起您呢？有机会我们还要把您的武学精髓和传记整理出来咧。”他听到这话就摇着头摆摆手：“我的事情不足道。不过，如果这个事将来有必要做，还只能托付给你们了，没别人了，也没和别人说过这么多。还是那句话，我的事不足道，替我的师父们、前辈们、相知的师兄弟们留几篇文字，在这个世上留个影子、留个名声就行了。都是于我有恩有情的人，我不肖，但不能埋没他们，不能辜负祖师爷啊。”

在他人生最后的这段时间里，我随着他充满温度的叙说，一点一点地看到了他的一生。我仿佛也经历了一遍那个充满变动与传奇的年代，仿佛见到了那些前辈。安老师留下来的这些音像资料和记忆滋养着我，成了我人生中的珍宝，也是武术界的珍宝。

在他去世的前几天，我去看他，他侧卧在床上，枕着右手掌，微闭着眼睛和我说：“就你还讲些江湖道义，有些义气。和多少人打过交道，交过多少人，几个还讲这江湖道义，几个还念这师徒情分？”

他睁开眼看看我，继续说：“就你还来看我，我已行将就木，是对你没有用的人了，该教的都教给了你，你还来。”

听得我鼻子直发酸。

（六）

安老师一生痴迷于读书，尤偏重于武学方面，他收集了各个门派和各个拳种的拳谱、拳论、剑谱及其他的器械谱，等等。有他年轻时候从老先生那里继承来的手稿，有他抄来的抄本，也有当时的传本、刻本、排印本，很多都是珍本，甚至是罕见的孤本，还有他与他的老师、前辈、师兄弟们往来的书信，无不是珍贵的文献资料。更重要的是他学习各家拳术、剑术的笔记和总结，厚厚的数十个笔记本、稿纸装订本，都是他的心血。捧着它们，我不知道是该感动还是该惭愧。

安老师去世后，他的藏书被他的子女分别带走或者处理了，给我留了一部分有纪念意义的书、笔记和书信资料，虽然不是安老师手泽的全部，但是幸喜他一生武学的精要与核心体悟都在。有了这些资料，结合着当时留下来的音像资料，我们才能完成安老师的嘱托，把他老人家的故事讲给世人听，把他所尊重的、敬仰的人介绍给世人认识。

在整理本书的同时，我们也在积极寻找安老师的子女，一来想搜集更多的资料，印证一些事情，二来想获得他们的支持。但他们已经离开旧居，迁居他处，我一直没有联系上，非常遗憾。如今本书草稿初成，还有不少事情、不少人因为没能得到核实，资料也少，只能忍痛删掉，将来有机会再进一步补充吧。

民间武学藏本丛书

守洞尘技	崔虎刚　校注
通背拳	崔虎刚　校注
心一拳术	李泰慧　著　崔虎刚　校注
少林论郭氏八翻拳	崔虎刚　校注
拳谱志三	崔虎刚　点校
少林秘诀	崔虎刚　校注
拳法总论	崔虎刚　点校
少林拳法总论	崔虎刚　点校
母子拳	崔虎刚　点校
绘像罗汉短打	升霄道人　编著　崔虎刚　点校
六合拳谱	崔虎刚　点校
单打粗论	崔虎刚　点校

拳道薪传丛书

三爷刘晚苍——刘晚苍武功传习录	刘源正　季培刚　编著
乐传太极与行功	乐　匋　原著　钟海明　马若愚　编著
慰苍先生金仁霖太极传心录	金仁霖　著
中道皇皇——梅墨生太极拳理念与心法	梅墨生　著
杨振基传太极拳内功心法	胡贯涛　著
卢式心意拳传习录	余　江　编著
习练太极拳之见闻与体悟	陈惠良　著
廉让堂太极拳传谱精解	李志红等　编著
武当叶氏太极拳	叶绍东　何基洪　蔡光復　著
无极桩阐微	蔡光復　蔡　昀　著
功夫上手——传统内功太极拳拳学笔记	陈耀庭　著　霍用灵　整理
会练会养得真功	邵义会　著
八极心法——传统八极拳，现代研究修法	徐　纪　著
犹忆武林人未远 ——民国武林忆旧及安慰武学遗录	安　慰　著　阎子龙　田永涛　整理

功夫探索丛书

内家拳的正确打开方式	刘　杨　著
借力——太极拳劲力图解	戴君强　著
武学内劲入门实操指导	刘永文　著
武术的科学：实战取胜的秘密	〔日〕吉福康郎　著　宋卓时　译
格斗技的科学：以弱胜强的秘密	〔日〕吉福康郎　著　宋卓时　译

格斗大师系列

伊米大师以色列格斗术	〔以〕伊米·利希滕费尔德，伊亚·雅尼洛夫　著 汤方勇　译
拳王格斗：爆炸式重拳与侵略性防守	〔美〕杰克·邓普西　著　史旭光　译

老谱辨析丛书

马国兴释读杨氏老谱三十二目	马国兴　注释　崔虎刚　整理
马国兴释读太极拳论	马国兴　注释　崔虎刚　整理
马国兴释读浑元剑经	马国兴　注释　崔虎刚　整理